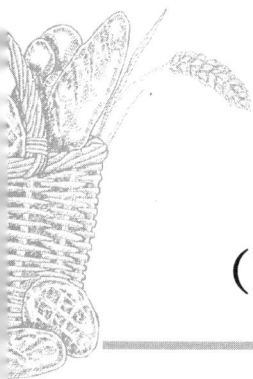

《区域全面经济伙伴关系协定》（RCEP）涉农优惠政策"宣介培训"教材

RCEP
农业百问

农业农村部农业贸易促进中心　编

中国农业出版社
北　京

前　言
FOREWORD

　　《区域全面经济伙伴关系协定》（RCEP）于 2020 年 11 月 15 日签署，2022 年 1 月 1 日正式生效，是当前世界上涉及人口最多、经贸规模最大、最具发展潜力的自由贸易区。RCEP 的签署实施不但是区域内 15 个成员国向世界发出支持多边主义、自由贸易的积极信号，更是在新冠肺炎疫情暴发和全球经济受阻的大背景下为世界经济复苏提供强劲动力。

　　RCEP 是一个全面、现代、互惠和高质量的自贸协定。一方面，RCEP 提升了区域内货物、服务和投资的市场开放水平，为产品和生产要素在区域内自由便捷流动创造了条件。另一方面，RCEP 实现了贸易便利化、规则一体化和议题现代化的新突破。特别是，RCEP 允许商品原产地价值成分在 15 个缔约方构成的区域内进行累积，显著降低了享惠门槛，有利于各方在区域内灵活配置资源和开展产业链合作。RCEP 的达成为我国企业提供了更加开放和稳定的贸易投资环境，有利丁进一步优化产业链价值链布局，扩大外贸市场空间，但同时也对市场主体参与对外合作的能力提出了更高要求。

　　RCEP 区域是全球重要的农产品生产地，主产稻谷、棕榈油、天然橡胶、牛肉、乳品等产品，区域成员多为农业大国。相对丰富的农业资源成就了区域内活跃的农产品贸易，成员国中既有日本、韩国等农产品进口大国，也有澳大利亚、新西兰等农产品出口大国，还有中国、印度尼西亚、越南、马来西亚等农产品"大进大出"的国家。2021 年，我国与其他 RCEP 成员国农产品贸易额占我国农产品贸易总额的 30.8％，其中进口占比 25.1％，出口占比高达 45.6％。RCEP 的生效实施对于我国农业领域构建以国内大循环为主体、国内国际双循环相互促进的新发展格局意义重大。

为全面、系统梳理 RCEP 农业有关规则，我们组织编写了《RCEP 农业百问》一书，聚焦协定各章节主要涉农内容，总结 RCEP 项下开放承诺与规则特点，分国别梳理农产品检验检疫、涉农服务贸易与投资等重点议题，分析区域内我国与各国贸易前景并提出建议，为政府部门、研究机构和企业提供参考。

本书的编写出版得到了浙江省台州市农业农村局和浙江省台州市商务局的大力支持，在此表示诚挚的感谢！

因时间仓促，研究水平有限，书中难免有疏漏之处，敬请读者谅解，并提出宝贵意见建议。

编著者

2022 年 8 月

目 录
CONTENTS

三、农食产品检验检疫政策

四、服务贸易和投资

五、其他章节规则

六、RCEP 区域农业市场展望

一、协定总体

1. RCEP 是什么？

《区域全面经济伙伴关系协定》（Regional Comprehensive Economic Partnership，RCEP）由东盟 2012 年发起，历时八年，是由包括中国、日本、韩国、澳大利亚、新西兰和东盟十国共 15 方签署的自由贸易协定。RCEP 是全面、现代、高质量、互惠的自贸协定，也是全球涉及人口最多、经贸规模最大、最具发展潜力的自贸协定。协定签署时，RCEP15 个成员国总人口达 22.7 亿，GDP 达 26 万亿美元，出口总额达 5.2 万亿美元，均占全球总量约 30%。据测算，至 2030 年，RCEP 有望带动成员国出口净增加 5 190 亿美元，国民收入净增加 1 860 亿美元。RCEP 蕴含的巨大市场潜力，将为区域内和全球经济增长注入强大动力。RCEP 自贸区的建成是东南亚区域经济一体化新的里程碑，将显著优化域内整体营商环境，进一步提升协定带来的贸易创造效应。

2. RCEP 产生的背景是什么？

世界贸易组织谈判受阻，全球性贸易投资自由化进程缓慢。世界贸易组织（WTO）是具有权威性和代表性的全球性组织。长期以来，WTO 通过多轮谈判显著降低了世界货物贸易关税水平和非关税壁垒，大幅提升了服务贸易自由化程度，为世界经济长期繁荣稳定提供了基础环境。但是，"多哈回合"谈判停滞阻碍了世界贸易和投资自由化进程，后危机时代部分国家采用贸易壁垒和产业回流政策，使得全球经贸体系面临的不确定性大幅上升，WTO 自身也面临推动改革的客观压力。全球性贸易投资自由化进程放缓，客观上提升了区域自由贸易协定签署的必要性和紧迫性，东盟和中日韩"10＋3"机制应运而生。在此基础上，2012 年 8 月底，东盟十国与中国、日本、韩国、印度、澳大利亚和新西兰分别签署了 5 份自贸协定，构成了 RCEP 签订的外部推力。

东亚区域价值链整合度提升，全球价值链分工格局内卷化。随着 RCEP 的区域成员经贸合作加深，东亚区域价值链整合趋势显著提升。与此同时，全球形成了以美国为首的北美区域价值链和以德国为首的欧洲区域价值链，全球价值链正逐步由扁平化和分散化向区域化和集中化方向发展。全球价值链分工格局内卷化反映了各国技术水平和产业升级的动态演进趋势，构成了 RCEP 签订的内部拉力。

国际局势风云变幻，逆全球化趋势日益显著。在新冠肺炎疫情肆虐、世界经济衰退、国际贸易投资萎缩、保护主义单边主义加剧的特殊背景下，东亚经济体与欧美经济体双向互动、深度分工和价值链整合格局遭遇重创。以中美对抗为例，美国以进口钢铁和铝产品威胁国家安全为由，于 2018 年 3 月 23 日起，对进口钢铁和铝产品全面征税（即 232 措施），税率分别为 25% 和 10%，拉开了中美经贸摩擦序幕，并逐渐由贸易领域转向技术领域，进一步上升为更深层次的国家竞争。2018 年和 2019 年全球贸易增速分别为 3.0% 和 −0.4%，显著低于中美经贸摩擦之前的预期值。因此，RCEP 协定的达成有利于优化当前的全球贸易环境，并为区域内经贸活动带来稳定性和安全感。

3. RCEP 签署前各成员国之间自贸关系如何？

RCEP 协定由东盟发起，所有其他参与国都是先与东盟构建"东盟＋1"的自贸协定，再以东盟为纽带将这些经济体紧密联系在一起。中国是首个与东盟达成自贸协定的 RCEP 国家，于 2004 年底签署《货物贸易协议》。东盟在 2008 年 4 月与日本；2009 年 2 月与澳大利亚和新西兰；2009 年 6 月与韩国分别签署自贸协定。同时，RCEP 成员国内 5 个非东盟国家中，除日本未与中国、韩国和新西兰签署贸易协定外，其他相互间均已签署双边自贸协定。澳大利亚 1983 年 4 月 14 日与新西兰签署自贸协定；于 2014 年 4 月与韩国、7 月与日本；于 2015 年 6 月与中国签署自贸协定。新西兰于 2008 年 4 月与中国；2015 年 3 月与韩国签署自贸协定。中国于 2015 年 6 月与韩国签署自贸协定。

4. RCEP 的目标愿景是什么？

一是建立一个现代、全面、高质量和互惠的经济伙伴关系框架，以促进区域贸易与投资的扩张，推动全球经济增长与发展，同时兼顾各方利益，特别是关注最不发达成员所处的发展阶段和经济需求。

二是通过逐步取消成员国之间货物贸易的关税和非关税壁垒，逐步实现货物贸易自由化和便利化；在成员国之间实现服务贸易自由化，以实质性取消服务贸易方面的限制和歧视性措施。

三是在区域内创造自由、便利和具有竞争力的投资环境，以增加成员国之间的投资机会，促进投资的便利化和自由化。

5. RCEP 经历了怎样的谈判历程？

2012 年由东盟发起，成员国包括东盟十国、中国、日本、韩国、印度、澳大利亚和新西兰共 16 方。2012 年 11 月，在第 21 届东盟峰会上，"区域全面经济伙伴关系协定"正式启动谈判。至 2019 年 11 月，举行了 3 次领导人会议、19 次部长级会议和 28 轮正式谈判。

2013 年 5 月，RCEP 第一轮谈判在文莱举行。中国、日本、韩国、澳大利亚、新西兰、印度以及东盟十国均派代表团与会。本轮谈判正式成立了货物贸易、服务贸易和投资三个工作组，并就工作规划、职责范围、未来可能面临的挑战等议题深入交换意见。

2015 年 8 月，RCEP 第三次部长级会议期间，货物贸易市场准入谈判取得重大突破，各成员国就初始出价模式达成一致意见，实质性市场准入谈判正式展开。

2017 年 5 月，RCEP16 个成员国举行第三次部长级会间会。此时，经济技术合作和中小企业两个章节已结束谈判。

2017 年 11 月，RCEP 首次领导人会议在菲律宾首都马尼拉举行。与会领导人在会后发表联合声明，表示将加紧努力，尽快结束 RCEP 谈判。

2019 年 8 月，RCEP 部长级会议在北京举行。本次会议推动谈判取得了重要进展。在市场准入方面，超过三分之二的双边市场准入谈判已经结束；在规则谈判方面，新完成金融服务、电信服务、专业服务三项内容，各方已就 80% 以上的协定文本达成一致，余下规则谈判也接近尾声。

2019 年 11 月，RCEP 第三次领导人会议举行。此时，历经 27 轮谈判，RCEP 除印度外的 15 个成员国已经结束全部 20 个章节的文本谈判，以及所有的市场准入章节的谈判。与会领导人发表联合声明，宣布各方将启动法律文本审核工作。

6. RCEP 覆盖哪些领域？

RCEP 协定文本共计 1.4 万页，由序言、20 个章节的协定正文和 4 个附件组成，不仅涵盖传统的贸易投资领域，还涉及众多规则领域。具体而言，协定正文包括序言以及初始条款和一般定义，货物贸易，原产地规则，海关程序和贸易便利化，卫生与植物卫生措施，标准、技术法规和合格评定程序，贸易救济，服务贸易，自然人移动，投资，知识产权，电子商务，竞争，中小企业，经济与技术合作，政府采购，一般条款与例外，机构条款，争端解决和最终条款等 20 个章节构成。此外在协定的附件中，各成员国还签署了关税承诺表、服务具体承诺表、服务和投资保留及不符措施承诺表和自然人临时移动具体承诺表共 4 个重要附件。

7. RCEP 有哪些突出特点？

与现有的区域自贸协定相比，RCEP 具有三个突出特点：**首先，RCEP 达成后将成为世界最大的自由贸易区。**虽然印度暂时退出 RCEP，但并不妨碍该协定成为世界上覆盖疆域最广、惠及人口最多、经济体量最大的自贸协定。从协定辐射面积来看，RCEP 横跨东亚、东南亚、南亚、印度洋和南太平洋；从人口数量看，RCEP 所涉及的人口占全球总人口的 29%；从经济体量看，RCEP 成员国经济总量占全球 GDP 的 31.6%，贸易额占全球贸易总额的 28.5%。**其次，RCEP 秉持包容开放原则。**RCEP 成员国中既包含日本、韩国、澳大利亚等发达国家，也包括中国、马来西亚、印度尼西亚、泰国、菲律宾等中等收入国家以及柬埔寨、老挝和缅甸等低收入国家，因此，RCEP 旨在达成一个包容、灵活、互利互惠的自贸规则，契合协定内不同经济发展水平国家和经济体的根本利益。例如，RCEP 给予最不发达国家特殊与差别待遇，通过规定加强经济技术合作，满足了发展中国家和最不发达国家的实际需求。目的是逐步弥合成员国间发展水平差异，促进区域协调均衡发展，推动建立开放型区域经济一体化发展新格局。**最后，RCEP 是目前世界上唯一以发展中国家为核心的区域贸易协定**。因此，RCEP 协定内容并非一味追求更高程度的开放，而是本着以"发展"为核心的利益诉求，最大程度地实现各成员国的经济利益平衡。

8. RCEP 生效实施的条件是什么？

RCEP 于 2020 年 11 月 15 日正式签署。根据 RCEP 的规定，协定生效需 15 个成员国中至少 9 个成员国批准，其中至少应包括 6 个东盟成员国和中国、日本、韩国、澳大利亚和新西兰中的 3 个国家，并于 2022 年 1 月 1 日在已完成法律核准程序的国家间相互生效。截至 2022 年 7 月，RCEP 的 15 个签署方中生效成员国数量已达到 13 个，仅剩余印度尼西亚、菲律宾尚未生效。

9. 除了 RCEP，中国对外签署的自贸协定还有哪些？

中国目前对外商签了 19 个自由贸易协定，涉及 26 个国家和地区，与这些自贸伙伴的贸易额占对外贸易总额的 30%；农产品贸易额占比更高，达 35%。截至 2022 年 7 月，中国已对外签署的自贸协定有《区域全面经济伙伴关系协定》（RCEP）、中国—柬埔寨、中国—毛里求斯、中国—马尔代夫、中国—格鲁吉亚、中国—澳大利亚、中国—韩国、中国—瑞士、中国—冰岛、中国—哥斯达黎加、中国—秘鲁、中国—新西兰、中国—新加坡、中国—智利、中国—巴基斯坦、中国—东盟、《海峡两岸经济合作框架协议》（ECFA）、《内地与香港、澳门更紧密经贸关系安排》（香港、澳门 CEPA）等。目前，中国—海合会、中日韩、中国—斯里兰卡、中国—以色列、中国—厄瓜多尔等贸易区正在谈判进程中。

10. RCEP 管理机构有哪些？如何开展工作？

RCEP 的机构设置包括部长会议、联合委员会及其附属机构、联络点。其中，联合委员会负责监督和指导协定实施，包括协调新设或未来设立的附属机构的相关工作。RCEP 部长会议和联合委员会应当每年召开会议，并以协商一致的方式对事项作出决定，其职能包括考虑在实施或运行过程中发生的任何事项；考虑修改本协定的任何提案；讨论可能出现的分歧并对本协定条款作出解释；就职能范围内事项寻求专家意见；向附属机构转交分配任务或委托职能；监督协调任何其他相关附属机构的工作；对附属机构提交的问题作出决定；设立并监督秘书处；就相关议题举行对话论坛等。

二、货物贸易市场准入及货物享惠相关规则

11. RCEP 成员国在 WTO 框架下农产品关税水平如何?

　　RCEP 的 15 个成员国均是 WTO 成员。其中，澳大利亚和新西兰是传统农业强国，在 WTO 框架下农产品平均税率较低，仅分别为 3.5％和 5.8％；中国农产品平均税率为 15.2％，约是世界平均水平的四分之一；日韩和东盟成员国在 WTO 下农产品平均税率均显著高于中国。具体关税水平见表 2-1。

表 2-1　WTO 框架下 RCEP 成员国农产品关税水平

单位：%

国别	农产品平均税率	动物产品	乳制品	水产品	蔬菜水果	谷物
澳大利亚	3.5	1.5	3.6	0.6	3.7	2.7
新西兰	5.8	6.8	10.0	1.4	5.5	9.2
日本	17.8	14.0	85.6	4.9	9.3	60.2
韩国	61.5	26.4	69.8	14.7	65.0	185.3
中国	15.2	14.9	12.2	11.0	14.8	23.7
菲律宾	35.0	37.5	27.2	22.9	37.4	37.5
柬埔寨	28.0	30.7	35.7	26.7	26.4	27.6
老挝	19.6	16.7	5.0	31.2	19.9	16.3
马来西亚	53.6	30.9	24.8	7.7	98.9	15.1
缅甸	103.6	111.0	39.8	71.5	135.5	94.6
泰国	39.1	30.0	33.0	10.9	49.2	33.0
文莱	31.2	26.9	21.0	23.1	26.3	22.3
新加坡	20.9	9.0	7.1	9.2	9.5	11.5
印度尼西亚	47.1	43.7	74.0	40.0	45.6	44.8
越南	18.8	14.3	16.7	18.0	20.8	20.5

12. RCEP 各成员国最终将有多少农产品免关税?

　　协定生效后，RCEP 各成员国会相继大幅度降低关税，最终 RCEP 区域内货物贸易自由度将达到 90％以上。农产品方面，中国对其他成员国的农产品自由化水平普遍在 92％ 左右；印度尼西亚、越南、马来西亚、泰国和菲律宾普遍在 80％～93％；澳新在 96％～99％；日韩在 60％ 左右。其中，中日之间首次达成农产品关税减让安排；中国与韩国、东盟之间在若干农产品上做出超出现有双边自贸协定的开放承诺。RCEP 成员国农产品税目自由化水平见表 2-2。

表 2-2　RCEP 成员国农产品税目自由化水平

单位：％

国别	对东盟	对澳大利亚	对新西兰	对中国	对日本	对韩国
文莱	96.3	96.3	96.3	96.3	96.3	96.3
柬埔寨	91.0	91.0	91.0	91.0	91.0	91.0
印度尼西亚	93.4	93.1	93.3	93.3	93.3	92.3
老挝	61.3	61.3	61.3	61.3	61.3	61.3
马来西亚	92.0	92.0	92.0	92.0	92.0	92.0
缅甸	65.0	65.0	65.0	65.0	65.0	65.0
菲律宾	88.9	88.8	88.8	88.8	88.8	85.8
新加坡	100	100	100	100	100	100
泰国	82.7	82.7	82.7	81.0	78.3	82.0
越南	92.9	92.5	92.5	91.5	85.0	85.0
中国	92.8	91.5	92.0	—	86.6	88.2
日本	60.0	60.0	60.0	57.8	—	47.9
韩国	69.5	68.6	68.9	62.6	46.9	—
澳大利亚	98.5	—	98.5	99.4	98.5	98.5
新西兰	96.1	96.1	—	96.1	96.1	96.1

13. RCEP 关税承诺表如何使用？

在中国自由贸易区服务网（http：//fta. mofcom. gov. cn/）可以找到 RCEP 框架下 15 个成员国对关税减让的承诺表。

如图 2-1 所示，在关税承诺表中搜索 HS 税目可以找到各产品的细分类目，第三列基准税率后列出了该国从第 1 年至第 21 年及以后此产品的关税减让情况。RCEP 关税承诺表中有三点值得关注：第一，"统一关税减让"和"国别关税减让"共存。8 个国家的关税承诺表采用"统一关税减让"，即对协定其他成员国采取统一降税安排，分别是澳大利亚、新西兰、文莱、柬埔寨、老挝、马来西亚、缅甸和新加坡；7个国家采用"国别关税减让"，即对其他成员国适用不同的降税安排，分别是中国、日本、韩国、印度尼西亚、菲律宾、泰国和越南。采用"统一关税减让"的国家仅有一张承诺表，而采用"国别关税减让"的承诺表数量不等。第二，不同国家每年削减关税的时间不同。印度尼西亚、日本和菲律宾是每年4月1日，其他国家是每年1月1日。第三，最终每年实施的协定优惠税率以当年税则为准。协定下的关税承诺表，是以2014年税则为基础所达成的。而在实际执行中，可能会出现税则转版等情况，各项产品的税目及税率以当年税则公布为准。

附件一
中国关税承诺表
第三节：日本

HS 税目	产品描述	基准税率	第1年	第2年	第3年	第4年	第5年	第6年	第7年	第8年	第9年	第10年	第11年	…	第21年及以后
01	活动物													…	
0101	马、驴、骡；													…	
0101.2	-马；														
0101.21.00	--改良种用	0.0%	0.0%	0.0%	0.0%	0.0%	0.0%	0.0%	0.0%	0.0%	0.0%	0.0%	0.0%	…	0.0%
0101.29.00	--其他	10.0%	9.1%	8.2%	7.3%	6.4%	5.5%	4.5%	3.6%	2.7%	1.8%	0.9%	0.0%	…	0.0%
0101.3	-驴；														
0101.30.10	--改良种用	0.0%	0.0%	0.0%	0.0%	0.0%	0.0%	0.0%	0.0%	0.0%	0.0%	0.0%	0.0%	…	0.0%
0101.30.90	--其他	10.0%	9.1%	8.2%	7.3%	6.4%	5.5%	4.5%	3.6%	2.7%	1.8%	0.9%	0.0%	…	0.0%
0101.90.00	-其他	10.0%	9.1%	8.2%	7.3%	6.4%	5.5%	4.5%	3.6%	2.7%	1.8%	0.9%	0.0%	…	0.0%
0102	牛；													…	
0102.2	-家牛；														
0102.21.00	--改良种用	0.0%	0.0%	0.0%	0.0%	0.0%	0.0%	0.0%	0.0%	0.0%	0.0%	0.0%	0.0%	…	0.0%
0102.29.00	--其他	10.0%	9.1%	8.2%	7.3%	6.4%	5.5%	4.5%	3.6%	2.7%	1.8%	0.9%	0.0%	…	0.0%
0102.3	-水牛；														
0102.31.00	--改良种用	0.0%	0.0%	0.0%	0.0%	0.0%	0.0%	0.0%	0.0%	0.0%	0.0%	0.0%	0.0%	…	0.0%
0102.39.00	--其他	10.0%	9.1%	8.2%	7.3%	6.4%	5.5%	4.5%	3.6%	2.7%	1.8%	0.9%	0.0%	…	0.0%
0102.9	-其他；														
0102.90.10	---改良种用	0.0%	0.0%	0.0%	0.0%	0.0%	0.0%	0.0%	0.0%	0.0%	0.0%	0.0%	0.0%	…	0.0%
0102.90.90	---其他	10.0%	9.1%	8.2%	7.3%	6.4%	5.5%	4.5%	3.6%	2.7%	1.8%	0.9%	0.0%	…	0.0%

图 2-1 RCEP 国别关税承诺表样例

14. RCEP 项下各成员国降税速度可以加快吗？

根据协定第二章第五条，两个或两个以上的缔约方可以基于共识，就关税承诺表中所列的关税承诺进行加速降税。加速降税应根据第二十章第四条对承诺表进行修改并实施。若该产品采用"统一关税减让"安排，则任何加速降税或改进应当被扩展至所有缔约方。

一缔约方可以在任何时间单方面加速或改进关税承诺表中所列的关税

承诺。任何此类关税承诺的加速或改进应当扩展至所有缔约方。该缔约方应当在新的优惠关税税率生效前尽早通知其他缔约方。

15. RCEP 对货物临时入境有何规定?

RCEP 规定,缔约方应允许其他缔约方的货物,在符合特定条件下入境并有条件地免征关税,有以下三种类型:①为特定目的而运入其关税区;②计划在特定期限内复出口;③除因其使用所造成的正常折旧和磨损外未发生任何改变。此外,RCEP 对集装箱和托盘的临时准入,做了特别规定。缔约方根据国内法律法规或其加入的国际协定,应允许正在使用或将被用于装运国际运输货物的集装箱和托盘免税临时准入,不论其原产地。

16. RCEP 在非关税措施方面有哪些规定?

非关税措施主要包括数量限制(如配额、进口许可证、自动出口限制和数量性外汇管制等)和其他对外贸易壁垒措施(如技术性贸易壁垒、动植物检验检疫措施、海关估价、原产地规则,以及当地含量要求和贸易平衡要求等)。相对于关税具有法定、公开、稳定以及能准确反映市场需求和适用最惠国待遇等特点,非关税措施的缺点是透明度差、标准或程序复杂、脱离市场需求,使出口商难以适应。同时,有些非关税措施仅针对某些国家的特定产品设置,更具隐蔽性和歧视性。RCEP 框架下重申限制缔约方的非关税措施,规定除非根据 WTO 或本协定设定的权利义务,缔约方不得对其他方的进口货物或本国向其他缔约方出口的货物采取非关税措施。如果根据 WTO 或本协定采取非关税措施,每一缔约方应当保证所允许的非关税措施的透明度,并且应当保证任何此类措施的制定和实施不以对缔约方之间的贸易造成障碍为目的。

17. RCEP 对于出口关税和费用有何规定?

每一缔约方应当确保对出口关税或其他费用的数额限于所提供服务的近似成本,并且不构成对国内货物的间接保护,也不构成为财政目的对出口征收的国内税。每一缔约方应当迅速公布其征收的与出口有关的税费和费用细节，并且公布此类信息。

18. RCEP 框架下如何对非关税措施开展技术磋商？

RCEP 对缔约方就非关税措施的技术磋商做出了相关规定。缔约方可以以书面形式请求与另一缔约方就其认为对自身贸易产生不利影响的非关税措施进行技术磋商，并且应当指明该措施如何对提出技术磋商的"请求方"与"被请求方"之间的贸易产生不利影响。除另有约定，被请求方应当在收到书面请求后 60 天内向请求方作出回复并开展技术磋商，以期在提出请求后 180 天内达成共同满意的解决方案。技术磋商的相关信息和结果应告知所有缔约方。

19. RCEP 可以给区域内企业带来什么红利？

1. RCEP 关税优惠为出口企业开拓市场提供重要机遇。RCEP 生效后，区域内 90% 的货物将逐步实现零关税，日本与中国、韩国、新西兰首次成为自贸伙伴，协定货物关税减让安排将显著降低企业税负，大大提升区域内出口产品竞争力。

2. 自贸协定原产地规则助推企业开展区域产业链布局和供应链合作。RCEP 原产地区域累积规则有助于降低企业利用关税优惠的门槛，扩大区域内中间品生产和贸易，还可吸引更多 RCEP 区域外跨国公司加大对区域内产业布局，这为更多企业更深层次参与区域产业链供应链融合发展创造了有利条件。

3. RCEP 贸易便利化措施助力区域内企业享惠。RCEP 简化了海关通关程序，允许经核准出口商自主出具原产地声明，还规定了电子商务无纸化贸易等便利化规则，可大大缩短货物整体通关时间，显著降低企业通关成本。

20. 什么样的货物才能享受 RCEP 优惠安排？

想要享受 RCEP 优惠安排的货物需要符合以下三个条件：首先，该产品要在 RCEP 降税清单产品范围之内。企业可以登录中国自由贸易区服务网，查找《区域全面经济伙伴关系协定》，查阅和学习 RCEP 关税减让情况和原产地规则，并查询企业的 RCEP 进出口货物是否在关税减让清单之内，并确认享惠的税率是多少。如果不会查询，可以向属地海关原产地签证人员咨询。其次，货物需被认定为区域内国家原产货物。最后，贸易货物需要满足 RCEP 享惠程序性要件（如报关单、原产地证明等）。

21. 怎样认定 RCEP 原产货物？

RCEP 规定，符合下列条件之一的货物应当视为原产货物：

1. 完全获得的货物。主要有以下十类：①在境内种植、收获、采摘或收集的植物或植物货物，包括果实、花卉、蔬菜、树木、海藻、菌类等；②在境内出生并饲养的活动物；③从饲养的活动物中获得的货物；④通过狩猎、捕捞、耕种、水产养殖、收集或直接获得的货物；⑤从土壤、水域、海床或海床底土提取或得到的矿物质或其他天然生成物质；⑥从成员国和非成员国领海以外的水域、海床或海床底土，由该成员国船只获得的海洋渔获产品和其他海洋生物或其他货物；⑦依照国际法在公海获得的海洋渔获产品和其他海洋生物；⑧加工船上仅使用第⑥项或第⑦项所述的货物进行加工或制造的货物；⑨在生产或消费中产生的，仅适用于废弃处置、原材料回收或回收利用的废碎料，收集的仅适用于废弃处置、回收原材料或回收利用的旧货物；⑩使用上述货物或其衍生物获得或生产的货物。

2. 仅使用来自一个或一个以上缔约方的原产材料生产的货物。

3. 使用非原产材料生产，但符合产品特定原产地规则所列的适用要求。对于不同类别的产品，RCEP 规定了不同的产品特定规则，有以下六种类别：①计算所得的货物的区域价值成分不少于 40％；②发生"章改变"，指在货物生产中使用的所有非原产材料均已在产品协调制度的前两位数级别上发生改变；③发生"品目改变"，指在货物生产中使用的所有非原产材料均已在协调制度的前四位数级别上发生改变；④发生"子目改变"，指在货物生产中使用的所有非原产材料均已在协调制度的前六位数级别上发生改变；⑤在一方境内仅使用来自一方或多方的原产材料生产的货物；⑥适用化学反应规则的货物，如果在一缔约方发生了化学反应，应当视为原产货物。

22. 存在关税差异的 RCEP 原产货物的原产国如何判定？

RCEP 的 15 个成员国之间采取双边两两出价的方式对货物贸易自由化做出安排，同时 RCEP 各缔约方适用的关税承诺表分为"统一减让"和"国别减让"，采用国别减让的国家会对其他缔约方的同一产品适用不同的关税安排，因此在上述缔约方进口时将按不同的关税承诺表适用不同的 RCEP 税率，因此需要通过原产地规则判定原产国后确定适用的税率。例如在 RCEP 实施的首年，中国对原产于日本、东盟成员国的带骨山羊肉（税号 0204.22.00），税率分别为 13.6%、0。直至 RCEP 实施第 11 年，中国对原产于日本的带骨山羊肉税率才会降至 0。因此在这之间的十年中，原产于日本和东盟的带骨山羊肉在中国进口时将适用不同的税率。为了适应关税减让模式的需要，RCEP 对项下货物设置了"RCEP 原产资格"和"RCEP 原产国"两层概念。确定 RCEP 货物原产国的流程见图 2-2。

在遇到难以确定原产国的货物时，进口缔约方应当允许进口商申请享受进口缔约方对其他缔约方同一原产货物所适用的最高关税税率，或者对在该货物生产过程中曾提供原产材料的所有缔约方所使用的最高 RCEP 税率。例如：协定生效第一年，韩国公司向中国出口一批适用韩国、东盟原产材料并在韩国完成生产的浓缩蛋白质（税号 2016.10），该产品已享有 RCEP 原产资格。对该产品，中国最惠国关税税率为 10%，对 RCEP 缔约国承诺关税见表 2-3。

表 2-3　RCEP 国家对浓缩蛋白质产品第一年关税水平

RCEP 缔约方	东盟	澳大利亚	日本	韩国	新西兰
第一年关税税率（%）	0	0	9.1	9	0

如果无法依照协定文本规定该产品的 RCEP 原产国，那么进口商可

```
┌──────┐     ┌──────────┐  是  ┌──────────┐  是  ┌────────┐
│获得原产│────→│货物是否属于│────→│是否在出口缔约│────→│出口缔约方│
│资格的货物│     │附录中所列原产│     │方符合附录规定│     └────────┘
└──────┘     │货物清单   │     │的附加要求  │
             └──────────┘     └──────────┘
                  │否
                  ↓
             ┌──────────┐   是   ┌────────┐
             │货物是否在出口│──────→│出口缔约方│
             │缔约方完全获得│       └────────┘
             │或生产    │
             └──────────┘
                  │否
                  ↓
             ┌──────────┐   是   ┌────────┐
             │货物是否在出口│──────→│出口缔约方│
             │缔约方使用非原│       └────────┘
             │产材料并发生实│                        否
             │质性改变   │
             └──────────┘
                  │否
                  ↓
┌──────────┐  ┌──────────┐  是  ┌────────┐
│货物完全使用│─→│生产工序是否超│────→│出口缔约方│
│原产材料生产│  │出微小加工范畴│     └────────┘
└──────────┘  └──────────┘
                  │否
                  ↓
             ┌──────────┐
             │该货物在生产过程│
             │中提供最高价值原│←──────────────
             │产材料的缔约方 │
             └──────────┘
```

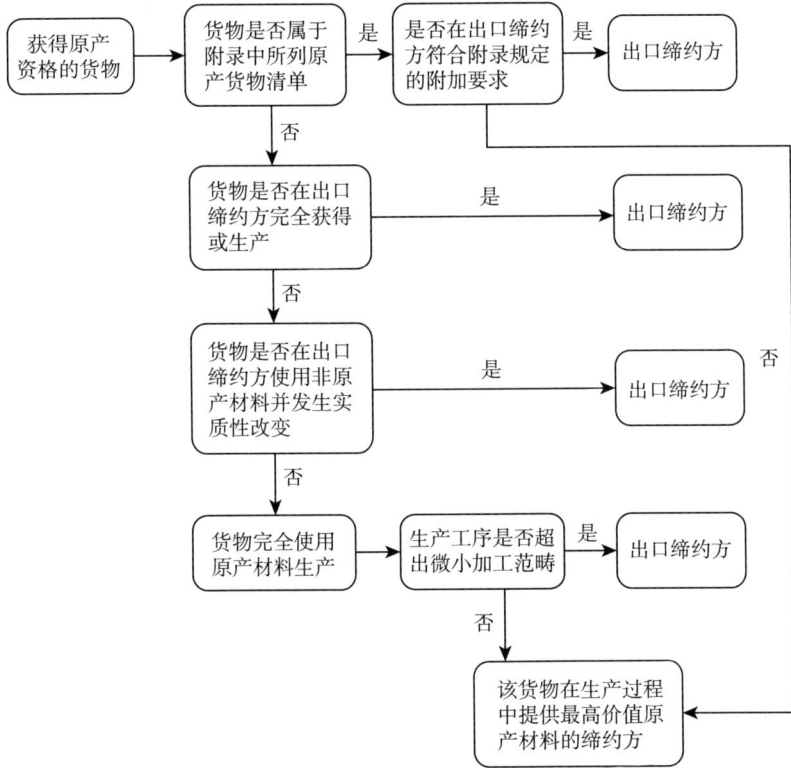

图 2-2　RCEP货物原产国确定流程

以申请享受中国对韩国、东盟所适用的最高关税税率9%，也可申请享受中国对其他缔约方所适用的最高关税税率9.1%（日本）。

23．"微小加工"对货物享受RCEP优惠关税有什么影响？

一般来说，在使用非原产材料生产货物时，如果对货物的加工和处理属于"微小加工"，那么货物依然无法获得原产资格。RCEP规定的"微小加工和处理"包括：

（1）为确保货物在运输或储存期间保持良好状态而进行的保存操作；

（2）为运输或销售而对货物进行的包装或展示；

（3）简单加工，包括过滤、筛选、挑选、分类、磨锐、切割、纵切、研磨、弯曲、卷取或开卷；

（4）在货物或其包装上粘贴或印刷标记、标签、标识或其他类似的用于区别的标志；

（5）仅用水或其他物质稀释，不实质改变货物的特性；

（6）将产品拆分成零件；

（7）屠宰动物；

（8）简单的喷漆和抛光操作；

（9）简单的去皮、去核或去壳；

（10）同种类或不同种类货物的简单混合；

（11）第（1）项至第（10）项所述的两种或两种以上操作的任意组合。

超过以上加工范围的产品其原产国应当为出口缔约方。因此，在实践过程中要了解各缔约方间的双边关税减让，合理利用加工方式调节产品原产地，实现关税减让红利最大化。

24. RCEP 的原产地累积原则有什么用？

原产地累积规则是指在确定货物的原产资格时，如果使用了来自协定其他缔约方的产品，允许将自贸协定的其他缔约方使用非原产材料的加工生产的产品累积至最终产品。累积规则的存在降低了产品获得协定项下原产资格的门槛，促进生产要素在区域内的自由流动，能够鼓励更多协定缔约方参与生产制造，从而推进区域经济一体化。

累积规则根据其条款内容一般可分为双边累积、对角累积、完全累积等。中国目前已签署自贸协定的累积规则均为双边累积，即允许 RCEP 项下的缔约方使用非原产材料进行加工生产获得原产资格的产品，在该协定下一个生产环节进行累积。在一般的双边自贸协定中，累积规则的适用通常仅限于缔约双方。而 RCEP 缔约方更多，因此累积范围更广，累积效应也更明显。RCEP 原产地累积规则有利于企业优化供应链，降低采购成本。根据累积规则，中国在生产销往 RCEP 缔约方的货物时所使用的其他缔约方的原产材料，均可视为本国的原产材料。特别是中日韩之间首次建立自贸关系，中国企业可以借助累积规则，灵活使用原产自日韩的零部件和中间产品等，发挥比较优势，深度融合产业链。

25. RCEP 进口货物享惠申报流程如何？

一、查询 RCEP 项下货物是否在关税减让清单

二、确认 RCEP 项下货物的原产资格

三、RCEP 进口货物享惠申报流程

（一）申报进口 RCEP 项下货物时，进口方可以自行选择"有纸报关"方式或"通关无纸化"方式申报。

（1）对于选择"有纸报关"方式申报的，需要向海关提供原产地证明、提单、清单、发票等纸质单证，海关现场会对这些材料进行审核。

（2）对于选择"通关无纸化"方式申报的，需通过"优惠贸易协定原产地要素申报系统"填报原产地证明电子数据，即将纸质证书相关数据信息通过该系统录入为电子信息，供后续通关自动审核。

（二）若进口方的进口原产货物申请适用 RCEP 项下税率，需按规定进行申报。具体申报方式为通过单一窗口的报关单申报入口向海关申报，申报单位需为获得资格的申报单位，即已在海关注册、并取得报关单申报所需的法人卡。申报时需提交有效的原产地证明、商业发票和全程运输单证等。

需提交单证材料还包括直接运输证明材料，即货物经过其他国家（地区）运输至中国境内的，还应当提交证明货物符合直接运输规定的其他证明文件（具体可为标明货物来自出口国及最终目的国的全程提单，或者中转地海关开具的未再加工证明，或者经香港中转香港海关开出的确认书）。

（三）具备原产资格的进口货物，可依据 RCEP 项下原产国（地区）适用相应的税率。

（四）进口方申请享受 RCEP 项下税率的，只要按上述要求向海关申报即可，海关通关系统会自动适用协定项下优惠税率。

（五）特别情况。对于符合 RCEP 项下原产资格的货物，如果进口时还没有取得原产地证明，但是后续又有享惠的需求，进口方应当在货物办结海关手续前向海关进行补充申报（即向海关提交货物原产资格声明），并提供税款担保，后续向海关补充提交原产地证明后，可申请解除税款

担保。

四、RCEP 出口货物享惠指引

（一）RCEP 与已经实施的中国—东盟、中国—新加坡、中国—韩国、中国—澳大利亚、中国—新西兰自贸协定以及亚太贸易协定等 6 个区域贸易协定形成关税交叉。当货物出口到这些相关国家时，企业评估选择适用哪个优惠贸易协定时，从降税清单产品范围、原产地标准宽严程度、关税减让幅度、操作程序便利程度等方面对进出口货物进行针对性对比分析，做好"关税筹划"，选择"最佳享惠"方式，最大程度享受关税减让红利。

（二）判定出口货物是否符合 RCEP 原产地规则。

（三）确认货物的原产地标准和协定原产国，当符合原产资格的RCEP 项下货物无法确认原产国时，填制原产地证明时需在"最高税率标志"栏目选择"相关缔约方最高税率"或"全部缔约方最高税率"，并在"协定原产国"栏目选择"相关缔约方最高税率"的协定国或"全部缔约方最高税率"的协定国。

（四）出口商或生产商可以向海关、中国国际贸易促进委员会及其地方分会等中国签证机构申请签发 RCEP 项下原产地证书。

（五）海关认定的经核准出口商可以通过"海关经核准出口商管理信息化系统"申请签发或者开具原产地证明。

（六）经核准出口商申请签发或者开具背对背原产地证明，且货物进境时未通过"优惠贸易协定原产地要素申报系统"填报初始原产地证明电子数据的，原产地证书的申请人或者经核准出口商应当补充填报。

26. RCEP 原产地信息规则下要求产品提供的信息有哪些？

一、原产地证书（图 2-3）

（一）出口商的名称及地址；

（二）生产商的名称及地址，如已知；

（三）进口商或收货人的名称及地址；

（四）货物描述及该货物的协调制度编码（六位数级别）；

（五）原产地证书编号；

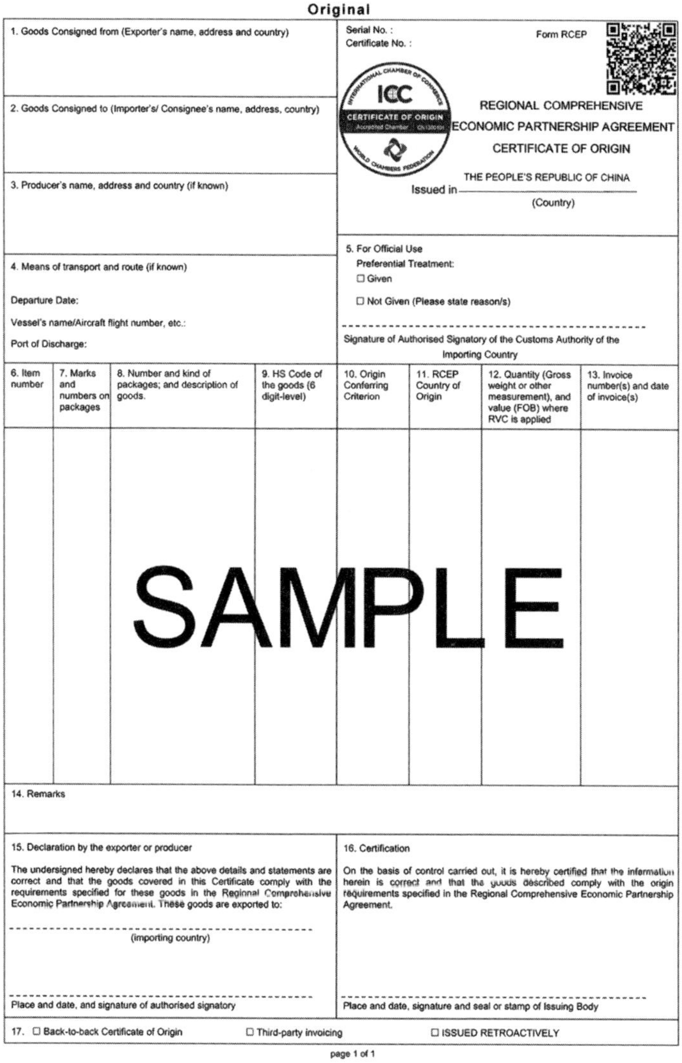

Original

1. Goods Consigned from (Exporter's name, address and country)

Serial No. :
Certificate No. :

Form RCEP

REGIONAL COMPREHENSIVE
ECONOMIC PARTNERSHIP AGREEMENT
CERTIFICATE OF ORIGIN

Issued in THE PEOPLE'S REPUBLIC OF CHINA
(Country)

2. Goods Consigned to (Importer's/ Consignee's name, address, country)

3. Producer's name, address and country (if known)

4. Means of transport and route (if known)

Departure Date:

Vessel's name/Aircraft flight number, etc.:

Port of Discharge:

5. For Official Use
Preferential Treatment:
☐ Given
☐ Not Given (Please state reason/s)

Signature of Authorised Signatory of the Customs Authority of the Importing Country

6. Item number	7. Marks and numbers on packages	8. Number and kind of packages; and description of goods.	9. HS Code of the goods (6 digit-level)	10. Origin Conferring Criterion	11. RCEP Country of Origin	12. Quantity (Gross weight or other measurement), and value (FOB) where RVC is applied	13. Invoice number(s) and date of invoice(s)

SAMPLE

14. Remarks

15. Declaration by the exporter or producer

The undersigned hereby declares that the above details and statements are correct and that the goods covered in this Certificate comply with the requirements specified for these goods in the Regional Comprehensive Economic Partnership Agreement. These goods are exported to:

(importing country)

Place and date, and signature of authorised signatory

16. Certification

On the basis of control carried out, it is hereby certified that the information herein is correct and that the goods described comply with the origin requirements specified in the Regional Comprehensive Economic Partnership Agreement.

Place and date, signature and seal or stamp of Issuing Body

17. ☐ Back-to-back Certificate of Origin ☐ Third-party invoicing ☐ ISSUED RETROACTIVELY

page 1 of 1

图 2-3　原产地证书格式

（六）适用的原产地标准；

（七）出口商或生产商的声明；

（八）签发机构及授权签字和公章的方式，证明原产地证书所列货物符合第三章（原产地规则）所有相关要求；

（九）第二章第六条（关税差异）所指的 RCEP 原产国；

（十）确定交运货物的细节，例如发票号码、始发日期、船只名称或航空器航班号和卸货口岸；

（十一）对于适用区域价值成分原产地标准而言，离岸价格；

（十二）货物的数量；

（十三）对于背对背原产地证书而言，原始原产地证明的编号、签发日期、首次出口缔约方的 RCEP 原产国以及首次出口缔约方经核准出口商的授权码（如适用）。

二、原产地声明

（一）出口商的名称及地址；

（二）生产商的名称及地址，如已知；

（三）进口商或收货人的名称及地址；

（四）货物描述及该货物的协调制度编码（六位数级别）；

（五）对于经核准出口商而言，出口商或生产商的授权码或识别码；

（六）唯一参考编号；

（七）原产地授予标准（同上）；

（八）授权签署者关于原产地声明所列货物符合第三章（原产地规则）所有相关要求的认证；

（九）第二章第六条（关税差异）所指的 RCEP 原产国；

（十）离岸价（FOB），如使用区域价值成分原产地标准；

（十一）货物的数量；

（十二）对于背对背原产地声明而言，原始原产地证明编号、签发日期、首次出口缔约方的 RCEP 原产国以及首次出口缔约方经核准出口商的授权码（如适用）。

27. RCEP 原产地证明文件如何出具？

海关对出口货物原产地证书的申请和签发已基本实现电子化。签发的流程包括：企业备案、证书申报、原产地确认和证书签发。

（一）在海关办理原产地证书相关业务前先在企业属地海关办理一般企业原产地备案。

备案的方式有两种：①"两证合一"备案。需在商务部门办理对外贸易经营者备案的企业，通过"两证合一"自动完成原产地企业备案；如信息不全的仅需要进行备案变更，补充相关信息。②人工录入备案。无需办理对外贸易经营者备案的企业，通过中国国际贸易"单一窗口"https://www.singlewindow.cn/或"互联网＋海关"一体化平台 http：//online.customs.gov.cn/进入原产地综合服务平台，点击"新用户注册"，按照提示进入备案申请界面，进行电子信息录入、文档扫描或拍照上传至平台等操作。

需要进行证书自助打印的企业，同时完成企业电子印章及授权人员签名笔迹信息的上传和授权操作。

（二）完成原产地备案后，企业可以登录中国国际贸易"单一窗口"或"互联网＋海关"一体化平台进行原产地证书的申请，依据不同原产地证书的填制规范对进出口双方信息、运输细节、商品描述、原产地标准、原产国等信息进行如实申报。

（三）海关在审核原产地证书过程中，必要时会对原产地证书的真实性或货物的原产资格和原产国进行核查。

（四）原产地证书审核通过后，对可自助打印的原产地证书，企业使用自动双面打印的彩色打印机在 A4 纸上自行打印原产地证书。对于尚未开通自助打印的原产地证书，企业须使用针式打印机在申领的空白证书上打印原产地证书，并加盖企业中英文印章、授权人员签字后，到签证海关现场办理证书签发手续。

（五）企业首次发起备案时，系统会赋予签证机关和领证机关。后续企业可根据真实业务需要向所属备案机关发起变更签证机关、领证机关申请。

28. RCEP 中的背对背原产地证明是什么？

《区域全面经济伙伴关系协定》（RCEP）的原产地证明包括原产地证书和原产地声明。原产地证书和原产地声明作用相同，均可用于证明所载商品的原产地，向进口方申请享受优惠关税待遇。原产地证书需要企业向签证机构申请签发，具有固定的格式，而原产地声明则是由经核准出口商自主开具，包含符合规定的信息，免于向签证机构申请。

背对背原产地证明是 RCEP 的特色制度，主要用于证明在一成员国中转或者再次出口的未经处理的原产货物，没有改变其原产资格以及原产国（地区）。签证机构和经核准出口商可以根据初始的原产地证明，对符合 RCEP 规定的货物开具背对背原产地证明。背对背原产地证明所载货物的数量总和不超过初始原产地证明所载的货物数量，有效期和初始原产地证明的有效期相同。归根结底，背对背原产地证明也属于原产地证明，是中转或再出口成员国对初始原产地证明的背书。背对背原产地证明包含背对背原产地证书和背对背原产地声明。

背对背原产地证明是中间缔约方针对已由原出口缔约方出具原产地证明的货物，再次分批分期灵活出具的原产地证明。当货物在中间缔约方需要进行物流分拆、包装或装卸、仓储、贴标等处理，或需要进行其他为保持货物良好状态的必要操作，针对这类符合直运规则要求的货物，中间缔约方可以基于出口时的初始原产地证明，进一步出具新的原产地证明，证明货物仍保持原产资格。相关货物在其他缔约方进口的时候可以凭借背对背原产地证明来享受关税优惠待遇，极大地提高了企业在销售策略以及物流安排方面的灵活性。

29. RCEP 在原产地规则方面与中国签署的其他自由贸易协定有哪些显著不同？

总体上，RCEP 打破了东盟、日本、韩国、澳大利亚、新西兰各自实施自贸协定的格局，首次将 15 个缔约方拉入到一个自贸协定中，堪称自贸协定的"整合器"。

从具体规则看，主要有以下四点：第一，明确企业自主原产地声明制度实施时间表。企业自主原产地声明是指在传统的由签证机构所签发的原产地证书之外，还将允许经核准的出口商，以及货物的出口商或生产商自主声明，该制度是高水平自由贸易协定重要特征之一。RCEP 首次增加了货物的出口商或生产商签发原产地声明的资格，并明确各个缔约方应该落实该制度的期限。第二，首次提出背对背原产地证明概念。中间缔约方的出口商针对已由原出口方出具原产地证明的货物，可再次分批分期灵活出具原产地证明，使得所涉货物在其他缔约方通关时仍然享受协定税率。第三，规定了允许微小差错的原则。在确定货物的原产资格无疑问的情况下，允许轻微差异、信息遗漏、打字错误或者特定字段的突出显示在内的微小差错。第四，在协定区域使用累积原则。允许在确定货物是否适用 RCEP 关税优惠时，将来自 RCEP 任何缔约方的原产成分都考虑在内，实行原产成分累积规则。

30. RCEP 为区域内农产品通关提供了哪些便利化安排？

在 RCEP 货物贸易相关协定下专门规定了海关程序和贸易便利化相关条款，其目的是增强海关法律法规适用的透明度，促进货物的快速通关，接轨国际标准，促进缔约方合作。主要包括一致性义务、透明度义务、咨询点义务、程序义务、预裁定义务、货物放行义务，具体内容如下：

1. 一致性义务。即缔约方海关机构对其海关法律法规一致地执行，不曲解法律法规而做出不一致的行政行为。

2. 透明度义务。即缔约方应当以公平便利方式迅速公布海关法律法规、产品归类、税率、进出口限制、惩罚规定、救济措施等海关信息，方便企业更快更准确地了解最新通关信息。

3. 咨询点义务。即缔约方应当设立咨询点，从而为进出口过境提供文本与咨询便利。

4. 程序义务。即缔约方的海关程序应当能够实现前述目的。在货物装运前，海关不得适用税则归类和海关估价相关的检验方式，缔约方应尽量不对装运前检验使用新的要求。在货物入关前，缔约方应允许提前处理文件和信息，从而加速清关。

5. 预裁定义务。在货物入关前，缔约方可就税则归类、原产资格、完税事宜等问题进行预裁定，并设立框架机制保障预裁定的顺利执行。

6. 货物放行义务。为便利缔约方之间货物贸易，缔约方应当积极采取简化的海关清关程序，从而加快放行。当进口缔约方取得清关所需信息后，应在 48 小时内放行货物。此外，允许在出口方缴纳担保金的情况下，进口缔约方在做出放行决定之前放行货物。对于易腐货物，进口缔约方在收到清关信息后 6 小时内应当放行。允许空运货物加快通关。放行后，进口缔约方应当考量风险，选择对当事人或者货物进行后续稽查。

此外，协定指出各缔约方应向经营者提供进出口过境等程序性便利措施，具体措施可为：降低单证、数据要求；降低检验检查比例；加快放行；延迟支付税费；使用综合担保或减少担保；一次性海关申报；在经营者场所办理货物通关等。

31. RCEP 贸易救济章节对实施过渡性保障措施的标准是如何规定的？

RCEP 在重申 WTO《保障措施协定》（AOS）的基础上，设立了过渡性保障措施制度。协定约定，当各缔约方因履行 RCEP 协定降税而使国内产业造成威胁或严重损害时，可以采用：①中止执行 RCEP 削减关税计划；②提高此原产货物的关税税率，但水平不超过在实施该 RCEP 保障措施时正在实施的最惠国关税税率，且不超过 RCEP 对该缔约方生效之日的前一日正在实施的最惠国关税税率。因此，在实施上述过渡性保障措施方面，相比 AOS，RCEP 也新增了更多更具针对性的措施和例外条款。

过渡性保障措施实施期限一般不超过 3 年，情况严重时可延长 1 年。最不发达国家缔约方可再额外延长 1 年。实施期限预计超过 1 年的，应按固定时间间隔逐步放宽过渡性保障措施；对于已经受 RCEP 过渡性保障措施约束的进口货物，在先前的 RCEP 过渡性保障措施实施期限或该措施期满后一年中（以较长者为准），不得再次实施 RCEP 过渡性保障措施。

32. RCEP 对临时保障措施是如何规定的？

根据进口缔约方主管机关的初步裁定，如有明确证据表明本协定项下的关税削减或取消，导致来自其他成员国原产货物的进口已经或正在对该进口缔约方国内产业造成威胁或严重损害，其可采用临时保障措施对其他成员国原产货物实施临时限制性措施。RCEP 临时保障措施的期限不得超过 200 天，且不得对来自任何最不发达国家缔约方的原产货物实施临时措施或过渡性保障措施。

33. RCEP 对全球保障措施是如何规定的?

RCEP 第七章第九条对全球保障措施有如下规定:

(一) RCEP 不得影响缔约方在《1994 年关税与贸易总协定》(GATT) 第十九条和《保障措施协定》(AOS) 项下的权利和义务。

(二) 除非本条第三款另有规定,本协定不对各方根据 GATT 第十九条和 AOS 采取的行动授予任何权利或施加任何义务。

(三) 应另一缔约方请求,拟根据 GATT 第十九条和 AOS 实施保障措施的一缔约方,应立即提供 AOS 第十二条第一、二、四款相关要求,即提供发起保障措施调查、初步裁定和最终调查结果等所有相关信息的书面通知或网络地址。如一缔约方根据 AOS 第十二条将该措施通知 WTO 保障措施委员会,则应当视为其已遵守本款。

(四) 任何缔约方不得同时针对同一货物实施 RCEP 临时或过渡性保障措施和根据 GATT 第十九条和 AOS 实施的保障措施。

34. RCEP 贸易救济章节对补偿条款是如何规定的?

(一) 若进口方对出口缔约方实施了贸易救济措施,进口方应与将受该措施影响的出口缔约方进行磋商,向其提供双方同意的适当方式的贸易补偿,形式为具有实质相等的贸易效果的减让或与该措施预计所导致的额外关税的价值相等的减让。实施 RCEP 过渡性保障措施的一缔约方应当自 RCEP 过渡性保障措施实施之日起 30 天内向将受此类措施影响的出口缔约方提供磋商机会。

(二) 如根据第一款进行的磋商在开始后 30 天内未能就贸易补偿达成协议,则货物被实施 RCEP 过渡性保障措施的任何缔约方可对实施该过渡性保障措施的缔约方的贸易中止实施实质相等的减让。

(三) 货物被实施 RCEP 过渡性保障措施的一缔约方应当在其根据第二款中止减让至少 30 天前,书面通知实施 RCEP 过渡性保障措施的缔约方。

(四) 第一款下提供补偿的义务和第二款下中止减让的权利随该 RCEP 过渡性保障措施的终止而终止。

（五）只要 RCEP 过渡性保障措施在进口绝对增加的情况下实施并符合本协定规定，第二款下中止减让的权利在该 RCEP 过渡性保障措施生效的前三年不得行使。

（六）最不发达国家缔约方实施或延长一项 RCEP 过渡性保障措施，受影响的缔约方不得要求其做出任何补偿。

35. RCEP 项下反倾销、反补贴是如何规定的？

倾销就是指外国出口商在一国市场，以低于正常价格出售商品，对生产同类产品或直接竞争产品的该国国内产业造成或者可能造成实质性损害。反倾销税旨在抵消不公平低价销售的进口产品对本国产业造成的不利影响。补贴是指外国出口商直接或间接从外国政府获得不被允许的特定补贴，对生产同类产品或直接竞争产品的国内产业造成或者可能造成实质性损害。反补贴税旨在抵消外国政府补贴对本国产业造成的不利影响。

RCEP 贸易救济规则基于 WTO 的保障措施、反倾销、反补贴调查规则而建立，承认各缔约方保留其在《1994 年关税与贸易总协定》第六条、《反倾销协定》和《补贴与反补贴措施协定》项下的权利和义务。协定规定在任何调查程序中，当发起方的调查机关决定进行实地调查以核查应诉方提供的信息，则调查机关应当努力向该应诉方至少提前 7 个工作日提供关于调查机关拟开展实地调查以核查信息的日期；努力在核查信息的实地调查前至少 7 个工作日，向应诉方提供一份文件，其中列出应诉方在核查中应准备作出回应的题目，并说明应诉方需要出具供审核的证明文件类型，使该应诉方了解和清楚其调查意向。

在不违背《反倾销协定》第六条第五款和《补贴与反补贴措施协定》第十二条第四款规定的前提下，发起方应当确保，在作出最终裁定至少 10 天前，充分披露所有正在考虑的、关于是否实施该措施的依据。披露应以书面形式作出，并给予相关方充分的时间提出意见。如在该发起方的法律法规或调查机关允许的时限内收到此类意见，发起方的调查机关应在最终裁定中予以考虑。

RCEP 与 WTO 下的反倾销、反补贴规则相比较主要有以下特点：

（一）就保障措施而言，《保障措施协定》（AOS）明确规定，保障措施应当以无歧视性的方式实施，不得区分产品来源国别，而 RCEP 允许针对个别成员国实施保障措施。

（二）RCEP 对最不发达国家缔约方专门设置的优惠政策，即不得对最不发达国家缔约方实施保障措施，并且最不发达国家缔约方实施保障措施时无需进行补偿。

（三）RCEP 完全排除了通过数量限制方式实施保障措施，而 AOS 允许采取数量限制。

（四）RCEP 明确规定了保障措施征税的上限，实施期限也明显短于 AOS 的规定。

（五）就反倾销规则而言，RCEP 明确排除了倾销幅度中的"归零"计算。

（六）就反倾销、反补贴调查而言，RCEP 的不利事实程序规则对应诉方更为宽松、有利。

（七）RCEP 明确排除了反倾销、反补贴执法在 RCEP 项下争端解决机制的适用。

（八）RCEP 设置了反倾销调查磋商、核查通知时限、价格承诺规则通报以及调查案卷查阅等具体规则。

三、农食产品检验检疫政策

36. RCEP 技术性贸易壁垒章节的目标和主要内容是什么?

随着 RCEP 关税减让安排逐步落地,涵盖技术贸易措施在内的非关税措施将凸显其重要地位。RCEP 技术性贸易壁垒章节充分吸收 WTO 《技术性贸易壁垒协定》(Technical Barriers to Trade, TBT),并将必要条款并入协定文本。本章对进一步消除非关税壁垒提出更详尽的要求,具体表现为缔约方制定非关税法律法规、标准和评定程序时,不为缔约方之间贸易造成非必要阻碍。同时,尊重各缔约方主权,在制定评定程序时,各缔约方可结合实际,制定符合本国国情的具体评定程序,而非全部照搬国际惯例。

RCEP 项下 TBT 条款有以下特点:

(一)鼓励各方的标准化机构加强标准、技术法规以及合格评定程序方面的信息交流与合作;

(二)应其他成员国请求,RCEP 成员国需提供本国标准与国际标准之间的差异分析,并不得差异化征收费用;

(三)RCEP 削减了成员国采纳国际标准的例外情形,进一步推动各成员国标准与国际标准统一,以不对贸易造成非必要的障碍;

(四)相较于 WTO 下的 TBT 条款,RCEP 项下进一步明确了 TBT 信息交流合作的具体内容。这表明,成员国的出口贸易企业可以更便捷地获取进口贸易国的标准化信息。

37. RCEP 卫生与植物卫生措施章节的主要内容有哪些?

根据《实施卫生与植物卫生措施协定》(SPS)的具体规定,RCEP 对各成员国制定和实施动物卫生、植物卫生、食品安全等措施作出约束性规定,其目标是在保护人类和动植物的生命与健康时,通过减少消极影响促进贸易便利化。主要涉及的条款有:

(一)确保各缔约方对卫生与植物卫生的保护措施相对等效,即各缔约方适用的保护措施在实现层面上应当有相同的效果;

(二)缔约方基于世贸组织实施卫生与植物卫生措施协定委员会

（WTO/SPS 委员会）的决定，承认病虫害非疫区与低度流行区的概念，并在此基础上积极开展合作；

（三）加强在卫生与植物卫生风险分析方面的合作；

（四）提升进口缔约方审核出口缔约方主管机关管理控制的有效性；

（五）出口缔约方向进口缔约方提供贸易认证、证书等文件；

（六）进口缔约方在考虑 WTO/SPS 委员会的相关决定以及国际标准、指南和建议下开展进口检查；

（七）必要情形下，缔约方可开展保护人类和动植物生命与健康的紧急措施；

（八）缔约方应保证卫生与植物卫生措施信息的透明度，通过通报提交系统、联络点或已建立的沟通渠道，通报可能对贸易产生重大影响的保护措施。

38. 澳大利亚农食产品检验检疫政策如何？

澳大利亚是农产品出口大国，农牧业是其传统产业，在其国民经济中占有举足轻重的地位。澳大利亚也是世界上生物多样性最为丰富的国家之一，但生态环境较为脆弱，易受外来生物的侵害。因此，澳大利亚对进出口动植物的检疫工作高度重视，是全球动植物检验检疫措施较为严格的国家之一。

一、澳大利亚农产品进口监管机构

澳大利亚质量安全监管部门主要分为联邦政府和州政府两个层面。联邦政府层面，澳大利亚农业和水资源部（Department of Agriculture，Water and the Environment，DAWE），负责农业方面政策和法规制定、推动实施以及农产品进出口管理。澳大利亚检验检疫局（Austrialian Quarantine and Inspection Service，AQIS）隶属于农业和水资源部，主要负责农产品进出口检验检疫政策和技术措施的监督执行。澳大利亚生物安全局（Biosecurity Australia，BA）同样隶属于农业和水资源部，主要负责对进口动植物及其制成品可能导致的疫病风险做出评估。州政府层面主要有基础产业部门、食品安全部门以及健康部门等，负责州内食品安全有关工作。

二、澳大利亚农产品进口技术法规标准

澳大利亚关于进口食品相关法律法规主要分为一般法和特别法。一般法包括《进口食品管理法》《进口食品控制条例》以及相关国际贸易法律等。特别法主要是《澳大利亚、新西兰食品标准法典》。

(一) 进口食品监管相关立法

1. 《进口食品控制条例》。 2020 年 11 月 25 日，澳大利亚新版《进口食品控制条例》正式发布。其中，进口食品按照风险等级分为风险类食品 (Risk Food)、合规协定类食品 (Compliance Agreement Food) 和监视类食品 (Surveillance Food)。风险类食品是指经澳新食品标准局 (Food Standards Australia New Zealand，FSANZ) 建议，具有潜在危害的中高级风险食品。合规协定类食品是指进口商与澳大利亚政府建立协定的食品。除风险类和合规协定外的其他食品，称为监视类食品。按照进口食品的类型和风险程度不同，其检疫方式和检验频次均不同。

2. 《澳大利亚、新西兰食品标准法典》。 澳大利亚、新西兰共同设立专门机构澳新食品标准局，负责制定两国统一的食品标准《澳大利亚、新西兰食品标准法典》。澳新食品标准局是独立的非政府部门机构，主要负责制定食品标准、标签和成分等，其标准适用于所有在澳、新境内生产、加工、销售及进口的食品。《澳大利亚、新西兰食品标准法典》包括四个章节，一是一般食品标准，主要是产品标签、食品添加剂、污染物及残留等方面要求。二是商品标准，主要是谷物、食用油、乳制品等具体产品标准要求。三是食品安全标准（仅限澳大利亚），主要是食品安全操作、制作和销售食品设备及场所要求。四是初级生产和加工标准（仅限澳大利亚），主要是水产品、畜禽产品、乳制品等生产加工要求。

(二) 具体技术标准

澳大利亚农产品质量安全标准由澳新食品标准局统一组织制定，由澳新食品法规部长委员会批准发布。澳大利亚的标准分为强制性和非强制性两类。其中，农药残留、兽药残留、致病菌等安全指标由政府制定，为强制性标准。关于色、香、味等品质方面的指标由行业协会制定，为非强制性标准。

1. 农兽药残留限量。 最新标准为 2021 年 12 月澳大利亚联邦政府发

布新版《澳大利亚、新西兰食品标准法典》附表 20《农兽药最大残留限量法规》（MRLs 标准），主要针对果蔬、肉类、乳制品、谷物等食品易含农业化合物的最大残留限量。

2. 食品添加剂标准。最新标准为 2021 年 5 月澳大利亚联邦政府发布新版《澳大利亚、新西兰食品标准法典》附表 15《食品添加剂使用法规》，主要针对乳制品、果蔬等动物源性食品易含污染物的最大残留限量。新版法规新增的主要内容包括：①批准一种天然糖酯-甜桂花耳糖酯（Sweet Osmanthus Ear Glycolipids）用作非酒精饮料中的防腐剂，同时规定其在果蔬汁及其产品中的最大用量为 100 毫克/千克；②批准聚天冬氨酸钾（Potassium Polyaspartate）用作葡萄酒、起泡酒等中的防腐剂，最大用量为 100 毫克/千克。

3. 微生物标准。最新标准为 2021 年 5 月澳大利亚联邦政府发布新版《澳大利亚、新西兰食品标准法典》附表 27《微生物标准》，主要针对乳制品、饮品等易含微生物的最大残留限量。

4. 污染物限量标准。最新标准为 2021 年 6 月澳大利亚联邦政府发布新版《澳大利亚、新西兰食品标准法典》附表 19《污染物最大残留限量》，主要针对肉类、禽蛋和水产品等动物源性食品易含污染物的最大残留限量。

三、澳大利亚农产品进口检验检疫措施体系

（一）澳大利亚进口食品条件和程序

食品出口到澳大利亚应满足《进口食品控制条例》和《澳大利亚、新西兰食品标准法典》等要求。首先要符合生物安全要求，澳大利亚农业和水资源部开发了进口农食产品生物安全要求查询系统（Biosecurity Import Conditions System，Bicon），查询准入情况、随附证明材料要求、进口许可证等进口要求。通过查询系统，一是获悉产品是否能出口到澳大利亚，因为有些动植物产品目前是未准进口的。二是查询出口产品是否需要得到澳大利亚农业水利部签发的进口许可。该许可通过在线申请，一般在 28 天之内签发。三是查询出口产品是否需要随附出口国官方出具的卫生证书，以及证书需要注明的条款等。食品到港后，需判断其属于风险食品还是监视食品，进行相应的抽查。

澳大利亚官方执行进口食品检验计划,按照产品的风险类别确定检测频率,并且随着检验情况动态调整检测频率。**风险类食品**,是指对人类健康与安全构成中高风险的食品。目前澳大利亚列入风险类食品的主要有部分乳制品、坚果、肉类、加工食品、水产品、香料等食品,如生乳奶酪、花生及其制品、牛肉及制品、熟鸡肉、芝麻酱等。检验内容包括目视检查、标签检查及抽样检测。其中抽样检测的项目依据潜在危害制定,主要包括微生物和污染物指标。风险类食品采用"扣检"模式,在未获得检测结果之前不得销售。初始扣检比例为100%,如果连续5批合格其抽检率降为25%,如果再连续20批合格则降到5%。出于监控目的,风险类食品同时还需接受监测检验,检验比例为5%。**监测类食品**,是指有潜在危险性,但缺乏进一步的信息认定确实存在危害的食品。对于监测类食品按5%的抽检比例随机进行,货物的进口商、生产商和原产地等信息不影响随机抽检,且采用"抽样即放行"模式,可在知道检验结果前进行销售配送。如果出现不良结果,将通知地方食品监管机构,以便其决定是否需要召回,且将检查不合格的监测类食品的检查率提高到100%。入境后,各州政府会通过市场抽检或进口商主动送检等方式,确保产品符合澳新食品标准要求。

(二)中国对澳农产品出口情况

2021年,中国对澳农产品出口额11亿美元,同比增长7.5%,占中国农产品出口总额的1.3%。前五大出口产品是水产品、蔬菜、粮食制品、糖和水果,出口额合计6.5亿美元,占对澳农产品出口总额的59.1%。具体来看,主要出口品类涉及墨鱼及鱿鱼、烈性酒、苹果汁、可可制品、对虾、大蒜、扇贝、紫菜、夏威夷果、加工蘑菇、蜂产品等。从澳方数据看,澳自中国农产品进口额仅占其进口总额的7%,但中国是其少数农产品的最大进口来源,如澳进口农产品中68%的面筋、88%的苹果汁都来自中国。

四、澳大利亚农产品认证制度

澳大利亚农产品认证体系形式多样,所有认证均按行业、市场、消费需求设置,突出专业性。很多的认证模式和食品安全项目由行业组织、协会或大型集团公司发起。认证工作大多不发证,只加注、加贴相应标识标志。所有的认证都非常注重生产过程控制的评定和确认。在农产品方面目前受官方认可的认证模式主要有：

1. 新鲜农产品放心认证（Freshcare）。澳大利亚自 2000 年开始将 HACCP 与 EurepGAP 二者结合，针对澳大利亚农产品生产实际情况创立了 Freshcare 认证。这是一套程序简化、易于操作、适合澳大利亚种植业生产特点的认证模式。加入 Freshcare 系统的农场主需每年接受农药、微生物等方面的审查。

2. 粮食等级认定。澳大利亚小麦局及澳大利亚谷物协会对小麦等主要粮食作物产品根据其大小、水分、营养成分等指标的不同有严格的分等分级标准。澳大利亚小麦等粮食产品交易活动都要根据分等分级标准进行定级销售，实现优质优价。

3. 质量保证（Quality Assurance，QA）。质量保证是澳大利亚于 20 世纪 90 年代初期按照 ISO9000 标准建立的一套适合农产品生产的"生产质量保证声明系统"。

4. 畜产品识别追溯系统（National Livestock Identification System，NLIS）。畜产品识别追溯系统是澳大利亚联邦政府开发的强制性畜产品识别追溯信息采集系统。通过建立国家数据库，实现对动物从出生到屠宰及加工、销售全程追溯。

5. 澳大利亚肉类雪花纹理体系（AUS－MEAT Marbling System）。AUS－MEAT 体系是澳大利亚肉类品质规格管理局制定的，主要针对肉的雪花纹理来评分，用于统一肉类及牲畜术语并监管产品品质及规格。凡符合指定标准的生产屠宰商户均可标称为 AUS－MEAT 认可屠宰场，被认可商户必须正确使用相关术语并遵守屠宰业相关规定。AUS－MEAT 聘请检查专员负责检查和监督商户的标准执行情况及诚信自律状况。

6. 澳大利亚肉类标准体系（Meat Standards Australia，MSA）。MSA 是一个牛肉和羊肉的质量标准项目，由澳大利亚肉类畜禽协会（Meat & Livestock Australia，MLA）推动。为符合规定标准且审核通过的产品颁发证书和准予使用标识，获证产品必须标注产品等级和推荐的烹饪方法。

39. 日本农食产品检验检疫政策如何？

日本是中国农产品最大出口国。作为农业资源匮乏的国家，日本为保护国内农业产业发展，执行全球最严格的进口食品检验检疫制度。其执行手段主要有监测检查和命令检查，命令检查措施之后还可以实施全面禁止进口措施。该制度执行严格、操作性强，长期以来制约了中国企业对日出口。

一、农产品进口监管机构

日本农产品进口监管机构主要由三个隶属于中央政府的部门组成，包括农林水产省、厚生劳动省和食品安全委员会，其下属执行机构主要是动物检疫所、植物防疫所、卫生检疫所以及地方政府的卫生机构等。三个监管部门相互配合，农林水产省面向生产者，厚生劳动省面向消费者，食品安全委员会处于中立立场。对于进口食品，农林水产省负责动植物检疫，厚生劳动省负责食品安全检验和食品卫生检疫工作。

（一）农林水产省

农林水产省是日本政府负责农业、林业、水产业相关事宜的重要政府部门，主要职责是保障食物供给、农林渔业发展、农林渔从业者社会福利、农业多功能性拓展、森林资源可持续发展及水资源管理等方面的工作。当前农林水产省主要包括本部及地方性机关，其中本部下设大臣官房、消费安全局、食料产业局、生产局、经营局、农村振兴局、政策统括官、农林水产技术会议、林野厅和水产厅。地方性机关包括地方农政局、农林水产政策研究所、植物检疫所、动物检疫所、动物医药品检疫所等。

（二）厚生劳动省

厚生劳动省是日本负责医疗卫生和社会保障的主要部门。在食品方面主要负责食品分配和食品安全保障以及农兽药残留标准制定等工作。管辖领域主要是食品供应链的下游区域，即食品加工、流通和消费等。

（三）食品安全委员会

食品安全委员会为内阁所属部门，负责为农林水产省和厚生劳动省提供中立客观的食品安全风险评估结果，并提供科学建议。厚生劳动省和农林水产省等风险管理机构会根据食品安全委员会的评估结果，制定相应的安全标准和法律法规。

二、农产品进口技术法规标准

日本涉及农食产品的进口及食品安全管理的法律法规是在应对食品安

全问题中建立、发展和完善起来的，由基本法律和一系列专业或专门法律法规组成。

（一）基本法律

食品安全管理体系基本法律主要有《食品卫生法》和《食品安全基本法》。

1.《食品卫生法》。《食品卫生法》于 1948 年颁布并经过多次修订，最近一次修订是 2018 年 6 月。该法是日本食品质量安全与卫生管理中最重要的法律之一，其目的是保护民众生命与健康。《食品卫生法》规定禁止进口或销售不卫生、不符合现有的生产和配料贮藏标准的食品，以及不符合该法规定的规格和标准的设备及包装容器。该法还要求食品进口商须向检疫机构提交进口申报。

《食品卫生法》中有两个非常重要的制度，即《肯定列表制度》和《危害分析与关键控制点（HACCP）体系》。

（1）《肯定列表制度》。根据新的《食品卫生法》修正案，日本于 2006 年 5 月 29 日起正式实施《食品中残留农业化学品肯定列表制度》（简称《肯定列表制度》，Positive List System）。《肯定列表制度》是指日本政府为了加强食品（包括可食用农产品）中农业化学投入品（包括农药、兽药和饲料添加剂）残留物管理而制定的一项新制度，涉及的农业化学品残留限量包括"沿用原限量标准而未重新制定暂定限量标准""暂定标准""禁用物质""豁免物质"和"一律标准"五大类型。其中，"沿用原限量标准而未重新制定暂定限量标准"涉及农业化学品 63 种，农产品、食品 175 种，残留限量标准 2 470 条；"暂定标准"涉及农业化学品 734 种、农产品食品 264 种，暂定限量标准 51 392 条；"禁用物质"15 种；"豁免物质"68 种；"一律标准"是对未涵盖在上述标准中的所有其他农业化学品制定一个统一限量标准 0.01ppm，即食品中农业化学品最大残留限量不得超过 0.01 毫克/千克。《肯定列表制度》对食品中农业化学品残留限量的要求更加全面、系统和严格，是目前世界上最严格的食品安全管理制度之一。

（2）《危害分析与关键控制点体系》。根据修订后的《食品卫生法》，日本建立了以"危害分析与关键控制点（Hazard Analysis and Critical Control Point）"体系为基础的食品卫生控制体系，简称"HACCP 体系"。

"HACCP体系"是国际上公认和接受的食品安全保证体系，主要是对食品中微生物、化学和物理危害进行安全控制。日本是较早引进并运行"HACCP体系"的国家之一。目前日本开展"HACCP体系"的领域包括部分肉类、乳制品、水产品以及加工食品等。

2. 《食品安全基本法》。《食品安全基本法》主要是为了提高食品安全事故发生后的处置应对能力，并预测食品安全问题可能对公众健康造成的不良影响。根据《食品安全基本法》成立的"食品安全委员会"，负责对涉及食品安全的事务进行管理，并对食品安全做出科学评估。《食品安全基本法》为日本的食品安全行政管理制度，提供了基本原则和要素，其核心内容包括确保食品安全消费者至上、基于科学的风险评估、从农场到餐桌全程监控可追溯等。

3. 其他法规。在上述两个基本法的基础上，日本还制定了大量涉及食品安全卫生的专业性法规，如以下法规：《日本农业标准法》（JAS法）。该法于1950年制定，1970年修订，2000年全面推广实施。法律规定了JAS标识制度和食品品质标识制度，加强了食品从原料来源、生产、加工、销售等各个环节的食品安全追溯管理。《植物保护法》（Plant Protection Law）。该法于1950年5月4日发布，2016年4月1日最新修订。其目的是对进出口植物及国内植物进行检疫、驱除植物上附着的有害动植物、防止有害动植物蔓延，促进与保证农业生产安全。《家畜传染病预防法》（Domestic Animal Infectious Diseases Control Law）。该法于1951年制定，其目的是为了防止家畜传染病（包括寄生虫病）发生和蔓延，促进畜牧业发展。2011年，为应对口蹄疫和禽流感，日本政府修订现行《家畜传染病预防法》，将对迟报瞒报疫情的农户进行惩罚，宰杀疫情发生地周边农场的所有家畜，对被认为是禽流感传染源的野鸟栖息地周边地区进行消杀等。《农药管理法》（Agricultural Chemicals Regulation Law）。该法于1948年颁布，其中规定了农药的活性成分，并对农药的使用以及可以使用农药的农作物进行了规范。根据该法规定，只有经农林水产省登记的农药才可以销售和使用。凡是生产、进口、销售和使用未经登记的农药，均属非法行为。

涉及食品安全的专业法规还有《应对疯牛病特别措施法》《牛肉生产履历法》《应对二噁英特别措施法》《肥料取缔法》《牧场法》《水道法》

《土壤污染防止法》《农林产品标准化与正确标识法》《持续农业法》《饲料添加剂安全管理法》《转基因食品标识法》《包装容器法》《日本有机食品生产标准》《输出入贸易法》《关税法》《产品责任法》《计量法》等，与食品安全相关的法律法规超过 300 项。

此外，日本还制定了大量的相关配套规章，如《牛奶营业取缔规则》《饮食品防腐剂、漂白剂取缔规则》《饮食品添加剂取缔规则》《饮食品器具取缔规则》等，为制定和实施标准、检验检测等活动提供法律依据。

根据这些法律法规，日本厚生劳动省颁布 2 000 多个农产品质量标准和 1 000 多个农药残留标准，农林水产省颁布 351 种农产品品质规格标准。

（二）标准体系

日本已建立起适合其国情的食品安全标准体系，包括了全世界最严格的食品安全卫生标准。

1. 按标准制定层级

（1）国家标准。如《日本农业标准》，即 JAS 标准，由农林水产省制定。其以农产品、林产品、畜产品、水产品及其加工制品和油脂为主要对象，还包括有机产品。《肯定列表制度》中所规定的食品中残留物限量标准（MRLs），也属于国家标准。

（2）行业标准。行业标准多由行业团体、专业协会和社团组织制定，主要是作为国家标准的补充或技术储备。如日本奶业自主制定的《饮用奶标识相关的公平竞争规章》，作为日本《牛奶及乳制品成分规格的相关部颁标准》的补充。

（3）企业标准。企业标准是指由各食品株式会社制定的操作规程或技术标准，其食品质量卫生标准构成了日本完善的安全卫生标准体系。这些标准体系能够以法律形式固定下来，作为食品安全法规的组成部分。通常，一般性要求和标准由日本厚生劳动省制定，如食品添加剂使用、农药最大残留限量等，并适用于包括进口产品在内的所有食品。农林水产省参与的食品标准管理主要涉及食品标签、动物防疫、植物保护等领域，此外还包括依据 JAS 法授权对有机食品标准的制定和管理。

2. 按标准专业领域划分

（1）农业化学投入品标准。如《肯定列表制度》，由厚生劳动省制定，该制度对中国农产品出口影响较大。

（2）生产方法标准。包括厚生劳动省制定的各类食品生产卫生规范，如《生豆酱类生产卫生规范》《带馅的日本点心生产卫生规范》《盒饭的生产卫生规范》《蛋制品生产卫生规范》《腌菜生产卫生规范》等。农林水产省根据《食品制造过程管理高度化临时措施法》制定的《生产过程 HACCP 的综合卫生管理》、根据《日本有机农产品加工食品标准》制定的有机农产品加工食品的生产标准等，均属此类。

（3）产品品质标准。产品品质标准主要由农林水产省颁布，主要有两类：一是安全卫生标准，包括动植物疫病、有毒有害物质残留标准等。二是质量规格标准，农林水产省和厚生劳动省颁布的质量规格标准，大多高于国际标准。

（4）食品标签标准。2015 年 4 月 1 日，日本开始实施新《食品标识法》（2013 年法律第 70 号）。该法整合 JAS 法、《食品卫生法》《健康增进法》中食品标识相关内容，统一规定食品标识规则。具体由内阁府政令《食品标识基准》（2015 年 3 月 20 日公布）进行规定。

（5）特殊标准。为保证消费者合法权益，日本根据食品安全相关法律法规制定了针对特殊食品的标准。如农林水产省就该食品对环境和饲料安全进行的评估。农林水产省要求，在适当情况下，该类产品需对其环境安全影响进行强制性评估，对其饲料安全影响进行自愿性评估。目前，已有 59 种采用生物技术生产的植物产品进行了环境安全评估，包括大豆、玉米、油菜籽、棉花、番茄、大米、牵牛花、瓜和康乃馨等。若此类食品安全卫生标准获得正式批准，即可通过法令发布后正式转化为技术法规，将得到强制执行。

三、农产品进口检验检疫措施体系

日本对进口食品的检验检疫非常严格。所有进口食品都必须通过厚生劳动省管辖的食品检疫所和海关的检查后，才能进入日本市场流通。其中，新鲜蔬菜、水果、谷物、大豆和畜产品等农产品需先经农林水产省管辖的植物检疫所和动物检疫所进行检查，若不合格将被拒收或销毁，合格产品方可进入食品检疫所的检查程序。其他加工食品及鱼类可直接进入食品检疫所检查。

从职能上看，农林水产省管辖的植物检疫所和动物检疫所与厚生劳动省管辖的食品检疫所有所不同。经植物检疫所和动物检疫所检疫合格的农产品，不能保证其可通过食品检疫所的检查。食品检疫所在检查过程中，将首先审查进口文书，包括进口申请书、有关原材料和成分以及生产过程等的说明书、卫生证明书、检疫结果书等，结合该企业以往的进口实绩，决定此产品是否免查、需要检查和禁止进口。

若产品为"需要检查"，日本将根据产品违反食品安全法概率的不同进行监测检查和命令检查等，主要内容有农药残留、有毒有害物质、微生物污染、抗菌性物质、重金属污染、二氧化硫、霉菌毒素、使用材料标准、容器包装、防腐烂、防变质、防霉措施、有无卫生证明书、保存标准等残留标准检测。**监测检查**是针对违反食品安全法概率较低的食品所采取的检查制度，并根据年度计划实施检验检疫。抽查率为10％，费用由日本承担。一般情况下，监测检查允许客户先办理通关手续，在少量抽查并确认货物无安全隐患的前提下，允许报检货物办理通关手续进入日本市场。如货物进入日本市场后通过抽查发现问题，日本将对其进行召回。**命令检查**即强制性检查，是针对违反食品安全法概率较高的食品所采取的检查制度，检查内容及对象是通过行政命令进行规定。对确定为命令检查的产品进行批批检验，检查率达到100％，费用由企业承担。在检查结果出来前，货物被停留在港口不允许办理入关手续。

若产品是来自于特定国家和地区的特定食品（属于日本"禁止进口"范畴），或在命令检查中最新检验的60个进口食品样品中超过5％为不合格，则为"禁止进口"。

四、农产品认证制度

JAS认证制度是一个第三方认证制度，农林水产省是JAS认证标准的制定机构，授权食品和农业材料检验中心（FAMIC）进行技术评估，按照ISO标准检查经营商生产的产品或服务是否符合JAS标准。在日本市场上销售的任何农林产品及其加工品都必须接受JAS认证制度的监管，遵守相关管理规定，使得JAS认证制度成为日本农业标准化最重要的管理制度。

JAS标识种类有三类：常规认证（General JAS）适用于符合JAS质

量标准的农食产品，如质量等级、成分和规格；特殊认证（Specific JAS）适用于符合 JAS 特定方法的食品，例如特殊成熟食品；有机认证（Organic JAS）适用于符合 JAS 有机标准的农产品和加工食品。按 JAS 标识种类可分为：饮料食品类；有机类，如有机农产品、有机加工食品、有机饲料、有机畜牧产品；需要公示生产信息的产品，如需标明生产日期的牛肉、猪肉等；加工熟食品，如熟食火腿类、熟食香肠类等；需要恒温管理的食品类，如冷链物流加工食品。

40. 韩国农食产品检验检疫政策如何？

韩国农业资源非常稀缺，是世界人均耕地面积最少的国家之一。其农业生产结构以种植业为主，畜牧业等占比较少，仅大米、薯类、糖和蛋等产品能够自给，农产品较多依赖进口。韩国政府在农产品贸易上实行许可制、高关税制以及严格的检验检疫措施，以保护本国农业发展。

一、韩国农产品主管机构

韩国农产品管理系统主要有韩国食品药品安全部（MFDS），韩国农业、食品和农村事务部（MAFRA），贸易、工业和能源部（MOTIE）以及总理部长办公室（PMO）。

1. 韩国食品药品安全部。韩国食品药品安全部的主要职责是保护韩国公众健康和安全。其设有国家食品药品安全评估研究所和六个区域办事处，负责制定和执行食品法规以及制定国内生产和进口食品的标准和规范，包括食品添加剂、食品包装、容器、设备等方面的要求。韩国食品药品安全部还负责制定实施危害分析与关键控制点（HACCP）计划、食品和畜产品标签指南，制定并实施管理农产品安全评估的法规。

2. 韩国农业、食品和农村事务部。韩国农业、食品和农村事务部负责制定和执行有关农业总体政策和农产品检验检疫的法规，包括牲畜、乳制品和林业产品。其下设多个机构，包括动植物检疫局（APQA）、国家农产品质量管理服务局（NAQS）等。其中，动植物检疫局负责动植物产品的检疫和卫生控制，主要围绕"完善动物疫病检疫制度，保障农业安全"的目标开展工作；国家农产品质量管理服务局负责制定海外农产品质量标准和等级，确定原产地标志，认证市场上新鲜水果、蔬菜、谷物和加工食品的有机标签。

3. 韩国贸易、工业和能源部。韩国贸易、工业和能源部主要负责卡塔赫纳生物安全议定书（CPB）的执行，确保韩国国内生物多样性不受由转基因活生物体带来的潜在威胁。韩国于 2007 年批准了 CPB。2008 年，韩国实施了改性活生物体法案，作为管理该国生物技术相关规则和法规的总体法律。

4. 总理部长办公室。根据《食品安全框架法》，韩国总理部长办公室负责协调国家各机构间的食品安全管理。每个相关机构需制定一项为期三年的食品安全计划，由总理担任食品安全委员会主席，促进机构间不同计划的整合。

二、韩国农产品技术性贸易措施法规体系

1.《食品卫生法》。韩国《食品卫生法》是韩国农产品安全相关工作最重要的法律依据之一，该法于 1962 年颁布并实施，从国家层面加强食品安全管理，主要包括食品标准和规格、禁止销售危险食品和禁止虚假标示等内容。此后，《食品卫生法》根据食品生产和流通环境的变化对内容进行了多次修订，不断强化企业责任，提高消费者参与度，接轨国际标准，严格公共安全相关要求，以提高法规的适用性。

2.《食品法典》等。韩国《食品法典》规定了食品、设备容器和包装的制造、加工、使用、烹饪和储存等方面的标准和规范，确定了测试方法及农药、兽药、放射性标准和污染物的最大残留水平。为统一食品和畜产品管理体系，韩国食品药品安全部于 2017 年将畜牧业规范纳入食品规范，并于 2018 年实施统一管理体系。

3.《2022 年度食品安全管理指南》。韩国食品药品安全部于 2022 年发布了《2022 年度食品安全管理指南》，为食品相关企业安全管理、健康食品安全管理、进口食品检验及事后管理、转基因食品等新食品原料管理、畜产品卫生管理制度及指导和监督、农水产品安全管理、食物中毒预防及管理、儿童饮食生活安全管理等制定了相关规定。

4. 其他法规。此外，韩国的《功能性食品法》对保健食品和营养补充剂等功能性食品的监管提供了法律依据；《儿童膳食生命安全管理特别

法》对儿童食用食品进行了认定和监督；《进口食品安全管理特别法》于2016年实施，整合了所有进口食品法规，为进口食品政策提供了框架。

三、韩国农产品进口程序

韩国的农产品进口必须经过韩国海关总署、食品药品安全部、国家检疫局和动植物检疫局等多个机构的清关，进口检验申请必须用韩文填写并提交给相关机构。其中韩国海关总署负责审查通过所有必要的文件。食品药品安全部负责对到港的畜产品、加工食品、保健功能食品、食品添加剂、食品包装容器和设备等进口产品进行安全检查，并对进口产品进行农用化学品、黄曲霉毒素和其他污染物残留检测。动植物检疫局主要负责进口肉类、奶制品和蛋制品的检疫检验。

四、韩国农产品进口标签与有机认证

1. 韩国农产品进口标签有关规定。韩国食品药品安全部的食品安全标签和认证部门制定食品标签标准（包括畜产品），规定所有进口农产品须有清晰的韩文标签。标签必须包含产品名称、产品类型、进口商的名称和地址、制造商名称、生产日期、保质期、添加剂、过敏原、营养素等信息。谷物、整条冷冻鱼以及未装在容器或包装中的水果等产品不受上述标签要求的约束。

《食品标签和广告法》是食品和畜产品标签的法律依据。随着2018年新法案的制定，食品药品安全部将食品和畜产品的标签标准合并为"食品标签标准"。此外，农产品原产地（COO）指南规定了韩国对国内农产品和国内加工农产品中使用原材料的COO标识要求。根据韩国《对外贸易法》，进口农产品须贴有COO标签。

韩国的转基因食品标签标准结合了重组食品标签标准、转基因农产品标签指南和改性活生物体法案中的标签标准。合并后的标准概述了对转基因作物和食品（包括加工食品）标签的要求。2017年，食品药品安全部实施了一项新的生物技术标签要求，以扩大可检测产品的强制性标签范围。

2. 韩国有机食品与有机农产品认证。《促进生态友好型农业/渔业和有机食品的管理和支持法》（简称《新有机法》）要求所有韩国进口的有机

产品和加工产品都必须经过韩国农业、食品和农村事务部或国家农产品质量管理服务局认可的认证机构认证。

根据《新有机法》，新鲜（未加工）农产品和畜产品都需要由韩国权威认证机构颁发有机认证。有机产品认证分为有机和无农药两类。对于畜产品认证主要是有机牲畜和无抗生素牲畜。

41. 新西兰农食产品检验检疫政策如何？

新西兰是一个以农业经济为基础的岛国，农林牧渔等初级产业对国民经济的贡献约为11%，其中畜牧业是最大的初级产业门类，大部分产品直接面向出口，但同时也需要进口大量本国无法生产或产量较小的农产品以满足国内消费需求。为保证进口食品安全，同时保护其脆弱的生态环境，新西兰在农产品进口环节采取严格的生物安全保护和食品安全监管措施。

一、新西兰农产品进口监管机构

新西兰初级产业部（Ministry for Primary Industries，MPI）是新西兰食品安全监管主管部门，在全国范围内制定并实施新西兰食品安全、生物安全以及初级产业的相关标准和条例，与其授权机构（如实验室）共同对食品安全体系各方面进行常规审核和监控。针对进口食品，初级产业部负责检查食品进口是否符合微生物病原体和化学残留物的相关标准，判断是否存在任何新的食品安全问题，并检查食品在出口国以及进口至新西兰后的安全控制是否充分。

二、新西兰农产品进口技术法规标准

新西兰进口检验检疫主要立法为《生物安全法》，食品安全立法主要包括《2014年食品法》《1997年农业化合物和兽药法》《1999年动物产品法》《澳新食品标准法典》等，同时，进口食品还需符合新西兰根据相关食品安全立法制定的食品公告对于进口食品的管理要求，如《食品公告（农用化合物最大残留限量）》《食品公告（进口食品）》等。

（一）进口食品监管相关立法

1. 《生物安全法》。该法案是新西兰对有害生物进行禁入限制、根除

和管理的法律。根据《生物安全法》，新西兰初级产业部制定了食品进口卫生标准（Import Health Standard，IHS），通常包括一般规定（如关于如何储存和运输的规定等）和具体规定（如关于某种农产品病毒检测方法和植物检疫证书的要求等）。企业向新西兰出口农产品，需了解该产品是否建立了食品进口卫生标准，如有相关标准，则出口产品符合食品进口卫生标准方可入境，否则禁止进入；如该产品是首次出口，尚未建立食品进口卫生标准，则需提出申请，由初级产业部进行风险评估后决定是否允许进口。

2.《2014年食品法》。 在新西兰销售的所有食品均须符合《2014年食品法》规定。该法案主要关注食品生产环境，设定相关标准和要求，以保证市面上销售的食品是"安全和适宜的"。"安全"指食品符合卫生安全，"适宜"指食品符合成分、标签和标识要求，并且符合其预期用途。因此，该法案标准主要涉及卫生操作、标签、成分（可加入食物中的物质）、污染物和残留物及微生物限度。该法案要求食品生产者和零售商在初级产业部登记，执行食品控制计划下成文的措施，以保证生产的食物安全适宜。这些生产者和零售商由初级产业部认可的第三方机构或当地政府检查员定期检查。

3.《1997年农业化合物和兽药法》。 该法案对在新西兰进口、制造、销售或使用的所有农业化合物、兽药和脊椎动物毒剂进行管制，包括化肥、宠物食品、动物饲料和动物用药。任何农业化合物和兽药在新西兰境内销售前，都必须由初级产业部根据该法案进行登记。

4.《1999年动物产品法》。 此法旨在管理动物性原料及产品对人类与动物健康的风险，确保产品符合预期目的，使其得以进入市场销售，范围包含所有动物性产品及初级加工品。

5.《澳新食品标准法典》（Australia New Zealand Food Standards Code）。20世纪90年代，澳新两国开始在食品安全领域合作，成立澳新食品标准局（Food Standards Australia New Zealand，FSANZ），制定两国统一的食品标准《澳新食品标准法典》，管理在澳新两国市场销售食品的成分和标签要求。根据该法典，能够在澳大利亚合法销售的食品也能在新西兰销售，反之亦然。法典中涉及新西兰的章节为一般食品标准和商品标准。相关标准在新西兰的执行由新西兰初级产业部及公共卫生部门负责监管。

（二）具体技术标准

1. 农业化合物最大残留限量。最新标准为 2021 年 12 月 16 日初级产业部发布的《食品公告（农业化合物最大残留限量）》，主要针对果蔬、肉类、乳制品、谷物等含有农业化合物的最大残留限量，对未列明的农业化合物一律要求最大残留限量为 0.1 毫克/千克。从澳大利亚进口的食品只要符合《澳新食品标准法典》要求，就可以在新西兰合法销售。

2. 污染物最大残留限量。最新标准为 2021 年 6 月 3 日初级产业部发布的《食品公告（污染物最大残留限量）》，主要针对肉类、禽蛋和水产品等动物源性食品含有污染物的最大残留限量，对未列明的外源污染物一律要求最大残留限量为 0.001 毫克/千克。

3. 食品标签要求。《澳新食品标准法典》规定了与所有食品相关的一般标签和信息要求，并制定了仅适用于特定食品的标签和信息要求。根据食品不同用途，如零售用预包装食品、餐饮用食品、加工用食品等，食品标签所需信息也略有不同。总体而言，新西兰市场销售食品的标签涉及信息包括食品名称、配料表、特性成分和特性配料标示、净含量要求、供应商信息、日期标示、食用方法及贮藏条件、原产国标示、食品辐照标示、转基因食品标示、批号、强制性警示、过敏原表示、营养标示等，且必须用英语标注。

三、新西兰农产品进口检验检疫措施体系

（一）新西兰进口食品条件和程序

1. 注册成为进口商。在新西兰从事进口食品须成为经新西兰初级产业部认可的注册进口商，且注册者必须是新西兰居民。

2. 检查确认食品是否可进口销售，掌握食品进口卫生标准有关规定。濒危植物或动物以及一些被视为对新西兰环境、植物和动物或人有过大风险的食品不可进口，《澳新食品标准法典》也规定了一些禁止进口的植物和菌类。同时还需确认拟进口食品是否建立了食品进口卫生标准，如暂未建立标准则无法进口。

3. 购进安全和符合要求的食品并确保食品储存和运输得当。做好各环节有关记录保存，备齐必要单据文件，如原产地证书、卫生检疫证书、成分分析表等，确保产品标签满足《澳新食品标准法典》有关规定。

4. 进口清关。进口商须自行完成报关手续，或通过报关代理人进行申报，进口申报均通过贸易单一窗口以电子方式进行。新西兰进口食品清关既包括常规意义的海关清关（Customs Clearance），还包括生物安全清关（Biosecurity Clearance）和食品安全清关（Food Safety Clearance）。根据食品安全风险高低，风险性低的一般食品进口只需通过海关和生物安全检查清关后即可上市销售；高风险性食品则必须进行额外的食品安全检查，抽样进行实验室检测，合规后方可放行。此类食品为高度监管食品（包括原奶、鲜奶酪等乳制品，河豚、双壳贝类等水产品，牛肉产品等肉制品，花生等坚果以及胡椒、辣椒等香料等）和增强监管食品（包括冷冻莓类）。有关要求具体可通过2021年11月初级产业部公布的《食品公告（进口食品）》查询，目前共有11家授权实验室可进行进口食品安全检测。

（二）中国对新农产品出口情况

由于新西兰市场规模较小，近年来中国对新农产品出口基本在2亿美元左右。2021年，中国对新农产品出口额2.4亿美元，同比增长6.2%，占中国农产品出口总额的0.3%。前五大出口产品是水产品、蔬菜、粮食制品、糖和水果，出口额合计1.4亿美元，占对新农产品出口总额的59.9%。具体来看，主要出口品类涉及对虾、墨鱼及鱿鱼、大蒜、蘑菇、番茄、面食、糖食、冷冻莓类、桃罐头、苹果汁、鲜梨等。从新方数据看，尽管中国在其农产品进口来源中所占份额较小（5%左右），但中国是其部分农产品最大甚至唯一进口来源。例如，2021年新自全球进口农产品中76%的冻墨鱼及鱿鱼、92%的鲜或冷藏大蒜都来自中国。

（三）新对中国农产品特殊检验检疫要求

新西兰初级产业部制定的食品进口卫生标准既包括针对一类产品的进口卫生标准（如针对自所有国家进口的供人类食用的海洋水产卫生标准），也包括针对特定国家特定产品的进口卫生标准。其中，特别针对自中国进口制定了食品进口卫生标准的农产品涉及大蒜、鲜梨、鲜食葡萄、鲜香蕉等。结合中国主要输新农产品，以下重点对新西兰自华进口大蒜、鲜梨和鲜食葡萄三类产品的检验检疫要求做介绍。

1. 大蒜。要求中国有关部门根据新西兰对所有管制有害生物指定的官方程序进行抽样和视觉检查，确保其符合新西兰目前的进口要求。一般情况下不要求对中国产新鲜大蒜进行肉眼看不到的管制有害生物检查。此外，要求对三种高风险有害生物（葱蝇、南美斑潜蝇、三叶斑潜蝇）进行溴甲烷熏蒸处理。

2. 鲜梨。 要求中国有关部门根据新西兰对所有管制有害生物指定的官方程序进行抽样和视觉检查，确保其符合新西兰目前的进口要求。一般情况下不要求对中国产鲜梨进行肉眼看不到的管制有害生物检查。要求对高风险有害生物桔小实蝇进行冷处理，或建立非疫区。要求对七种其他高风险有害生物（苹小卷叶蛾、桃小食心虫、橙褐圆盾介壳虫、桃蛀螟、苹小食心虫、梨褐腐病菌、苹果褐卷蛾）采取双方约定的有效防治措施。

3. 鲜食葡萄。 要求中国有关部门根据新西兰对所有管制有害生物指定的官方程序进行抽样和视觉检查，确保其符合新西兰目前的进口要求。一般情况下不要求对中国产鲜食葡萄进行肉眼看不到的管制有害生物检查。要求针对果蝇采取冷处理，针对斑翅果蝇采取溴甲烷熏蒸或 SO_2/CO_2 熏蒸或冷处理，或建立非疫区。要求针对桃蛀螟、葡萄黑腐病菌、褐腐病菌、神泽氏叶螨虫、红蜘蛛等五种高风险有害生物采取双方约定的有效防治措施。

四、新西兰农产品认证制度

在新西兰，"有机"是一个标签术语，指的是根据有机标准生产的产品，受《1986 年公平贸易法》约束，关于食品的陈述必须真实准确、不得误导消费者，必须能够证明标有"有机"的产品是有机生产的。如企业声称其产品是"有机认证"，则必须提供有关证书。Bio Gro 和 Asure Quality New Zealand 是新西兰两个主要的第三方有机认证机构，对当地生产的有机产品进行认证。但有机认证标准不是食品安全标准，有机产品必须符合适用于在新西兰销售的所有食品的相同食品安全标准。

目前新西兰没有关于有机食品的官方标准。对于打算在新西兰销售的进口有机产品，需满足同类"非有机"产品的相同进口要求和食品安全标准，并需符合《1986 年公平贸易法》关于"有机"的要求。对于打算在新西兰进一步加工和再出口的进口有机产品，进口商需在 Bio Gro 或 Asure Quality New Zealand 进行注册，并建立有机管理方案，包括进口产品在原产国的生产系统信息、确保可验证产品有机认证状态的产品标识和追溯信息、原产国认证机构的详细信息等。

在公众要求下，2020年新西兰议会启动《有机产品法案》有关国内程序，拟制定国家有机标准。该法案现已完成了一读和特别委员会审议，目前正在二读阶段。下一步，该法案还需通过全会委员会审议和三读，并经新西兰总督御准才能正式成为国内立法。

42. 文莱农食产品检验检疫政策如何？

文莱位于东南亚加里曼丹岛西北部，国土面积5 765平方公里，其生产的蔬菜、水果等只能部分满足国内市场需求，肉类、大米和新鲜牛奶自给率较低，90%左右农产品供给需依靠进口。

一、农产品进口监管机构

文莱负责农产品进出口检验检疫管理的主要政府部门包括卫生部、初级资源和旅游部以及宗教事务部。

（一）卫生部

卫生部是文莱负责食品安全监管的主要部门，下设的公共卫生服务司是卫生部履行保护和提高公共卫生与健康职能的执行部门。

公共卫生服务司涉及食品安全最重要的部门是食品安全和质量控制处（Food Safety and Quality Control Division，FSQCD）。FSQCD主要负责监测食品质量安全、对食品经营和加工场所进行监督和检查、开展公共教育活动以促进公众对食品安全相关事务的认识。

（二）初级资源和旅游部

文莱初级资源和旅游部创建于2015年，下设有农业和农食产品局、渔业局以及农食产品安全中心等。

农业和农食产品局（Department of Agriculture and Agrifood，DOAA）主要负责农业发展和粮食生产，具体包括确保粮食安全，促进农产品自给自足，以出口为导向，通过提高生产力和技术水平增加农产品和加工产品的产量。

渔业局（Department of Fisheries）主要负责按照渔业相关法规管理渔业资源，具体包括实施水产品加工业的食品安全和质量控制，以及对进出口鱼类实施检疫检验和进口、出口许可证管理等。

农食产品安全中心（Agrifood Safety Center）主要负责农食产品检测，具体包括杀虫剂残留分析和农药进口审批；兽药残留和毒素分析以及水产品微生物检验等。

（三）宗教事务部

文莱政府主导清真食品的生产和供应，即清真食品的生产阶段就由政府直接介入。由于文莱国土面积小，清真食品无法完全自给，需要从国外进口。清真食品安全监管工作主要由宗教事务部清真食品控制处（Halal Food Control Division）负责。

二、农产品进出口技术法规标准

食品在文莱进行销售、分销、进口或制造都需遵守《公共卫生（食品）法》及《公共卫生（食品）条例》。除此以外，与农产品相关的主要法律法规包括《健康肉类令》《清真肉类法》《农业害虫与有害植物法》《疾病检疫和疾病预防法》《渔业令》《清真食品认证和标签令》等。文莱在《公共卫生（食品）法》《公共卫生（食品）条例》中制定了食品标签、配料的安全性和适宜性、可在特定食品中使用的防腐剂的最大限量、食品中允许的重金属的最大限量和微生物污染物限量等标准。

植物及植物产品的进口需符合《农业害虫与有害植物法》，包括禁止、限制或监管植物原料、进口限制等内容。《农业害虫与有害植物法》规定由农业和农产品局依法对植物及其产品进行进出口管理。

《疾病检疫和疾病预防法》附属法规《动物检疫及疾病防控条例》规定动物产品进出口的有关要求。动物产品进口需符合包括动物进口限制、检疫隔离、检验检疫证书、处罚等要求，动物产品出口需符合包括出口限制、动物健康证明申请、费用、检疫隔离等。《疾病检疫和疾病预防法》还规定，农业和农产品局是动物及其产品进出口管理的主管部门。《渔业法》和《渔业令》是文莱渔业以及水产品管理、进出口及相关检验检疫工作的主要法律依据，规定渔业局负责文莱进出口水产品的检验检疫工作。肉类和肉类产品进出口需符合《健康肉类令》的相关规定，包括屠宰、加工、销售、进口或出口程序，要求持有农业及农产品局发放的许可证方能对肉类产品实施进口、出口或转运，且只能在持牌或准许的场所屠宰动物。清真肉类供应和进口需符合《清真肉类法》的规定。

三、农产品进口检验检疫措施体系

中国与文莱农产品贸易额较小，2021 年中国与文莱农产品贸易总额为 2 329.2 万美元，其中中国对文莱农产品出口额 2 233.8 万美元，主要为蔬菜、水果和水产品等；自文莱农产品进口较少。

（一）农食产品海关通关程序

1. 向文莱皇家海关（Royal Customs & Excise Department，RCED）**注册。**在文莱从事进口、出口或从文莱过境货物的企业或代理商必须在 RCED 注册。申请企业可以通过海关代理完成注册，通过海关代理办理时，需提交授权表。这些海关代理需在 RCED 注册，并得到批准获得海关代理执业资格。

2. 申请进口许可证。根据文莱《海关令》，文莱对部分产品禁止或限制进口。进口商需核查商品是否在《禁止产品清单》和《限制和控制产品清单》中，如所进口产品为受管制商品，则在进口前需获得相关主管部门的许可证。除获得相关部门颁发的许可证外，有些受控商品还需获得由 RCED 颁发批准许可证，才能进口。《禁止产品清单》和《限制和控制产品清单》中的农食产品见表 3-1。

表 3-1 进口管制农食产品表

	物品名称	禁止/限制	其他
进口	泰国出口的当地家猪	禁止	—
	活植物或植物材料	限制	需获得许可证
	活家畜和鸟	限制	需获得许可证
	分离奶/脱脂奶	限制	需获得许可证
	糖、盐	限制	需获得许可证
	酒精饮料	限制	需获得许可证
出口	虾废物和椰肉饼	禁止	—
	糖	限制	需获得许可证

3. 在线海关进出口申报。在货物到达海关前，企业或代理商必须获得海关进口声明。所有海关进口申报必须通过文莱达鲁萨兰国家单窗口系

统（Brunei Darussalam National Single Window，BDNSW），可自行申报，也可委托海关代理申报。海关申报时应如实填报货物数量、货物描述、价值、重量、数量以及货物的原产国。

4. 应课税物品缴纳税款和其他费用。根据 2012 年《文莱关税和贸易分类》（Brunei Darussalam Tariff and Trade Classification）确定进口商品分类是否应课税，可通过海关的缴费柜台或银行缴费支付税款。

5. 检验检疫和清关。缴清费用后，经批准的海关申报可与其他文件一起提交海关，以对货物检查、检验及放行。

（二）动物及其产品进口检验检疫程序概要

进出口活动物及其产品必须在入境口岸申报检疫，并提供以下材料：农业局的进口许可证、出口国官方兽医在货物装运前 7 天内签发的《动物没有流行性或传染性疾病》兽医证书、健康证明和其他相关文件。

（三）植物及其产品进口检验检疫程序概要

植物和植物材料（包括水果和蔬菜）进口，需进行进口商注册、获得进口许可证和植物检疫证书。

1. 进口商注册。进口商必须在文莱农业部注册，一经注册，可以提交进口许可证在线申请，需注意的是该要求只适用于植物材料和植物产品的进口商。

2. 获得进口许可证。植物和植物材料进口时由农业局进行强制检验，检验合格后颁发进口许可证。签发进口许可证所需时间为 3 个工作日。

3. 植物检疫证书。植物检疫证书由植物或植物材料原产国的法定签发机构签发，证明植物的健康和加工处理情况。植物检疫证书自签发之日起 14 天内有效。

蔬菜和水果将在入境口岸接受文莱海关和农业局的检查。进口商必须在入境口岸出示所有相关文件，主要包括文莱农业部颁发的进口许可证、出口国签发的植物检疫证书及附有进口许可证列明信息的识别标签。文莱农业部将抽取蔬菜和水果的样品进行化学分析，仅检查结果合格时方可入境。

四、文莱食品认证制度

文莱采用 PBD（Piawai Brunei Darussalam）国家标准，在材料、产

品、工艺、服务和系统的设计、使用或性能等领域提供国家层面指导。文莱 PBD 的政策核心是基于国际标准，并确保四个主要利益相关者（即政府、私人、公众和消费者权益）的信息透明和公众参与。如果国际标准受气候、地理、基础设施、技术和保护水平等合理原因而不适用或无效时，则可制定单独的 PBD 标准。

文莱目前没有强制性标准（技术规范），所有的标准都属于自愿性标准。截至 2016 年 12 月，文莱已有 PBD 标准 100 项，涵盖建筑、质量管理系统、清真、食品和电气 5 个领域，其中 65 项直接采纳国际标准并转化为 PBD 标准，35 项为自主研制标准。

43. 柬埔寨农食产品检验检疫政策如何？

柬埔寨位于东南亚中南半岛，总人口约 1 600 万。农业是柬埔寨经济第一大支柱产业，全国约 60% 人口生活在农村，农业劳动力较为丰富。2021 年，中柬农产品贸易总额 6.7 亿美元，其中柬埔寨自中国农产品进口额 1.9 亿美元，前五大进口农产品包括畜产品、水产品、饮品、粮食制品和水果，进口集中度 70%。

一、农产品进口监管机构

柬埔寨负责出入境检验检疫管理的主要政府部门有商务部、农林渔业部、卫生部等。

（一）商务部

商务部主要负责《食品质量安全管理法》的实施，下设进出口检验与反欺诈局（Camcontrol），与海关和税务部门联合进行边境管理，负责进出口检验及监管、官方认证等。同时，进出口检验与反欺诈局还负责市场监测和产品质量安全管理，特别是对加工食品的生产和销售进行安全卫生监管，是柬埔寨食品法典委员会和食品安全部际联席委员会的秘书处，也是柬埔寨负责实施 SPS 协定的国家咨询点和食品法典咨询点。

（二）农林渔业部

农林渔业部负责动植物检疫工作，主要职能是控制农业生产中使用的原料质量，制定使用方法和使用指南；开展植物卫生检验和《国际植物保护公约》（IPPC）规定的其他职责包括保护公众健康；防止与动物和动物产品的直接或间接接触引起疾病跨境传染；管理化肥、农产品、种子、兽药、饲料和饲料添加剂等农业投入品；负责《森林法》《渔业法》《农用物资标准与管理令》等法律法规的实施。

1. 农艺与农地改进司（Department of Agronomy and Agricultural Land Improvement）负责植物卫生检疫和控制农业生产中使用的农业资料的质量，制定使用方法和指南。

2. 动物卫生与生产司（Department of Animal Health and Production）负责管理牲畜的进出口，防止与动物及其产品直接或间接接触引起的疾病跨境传染。

3. 农业立法司（Department of Agricultural Legislation）负责管理农业资料，即对化肥、农药、种子、兽药、饲料及其添加剂等农业投入品进行强制性管理。

（三）卫生部

卫生部负责口岸卫生检疫，履行《国际卫生条例》义务，下设有卫生检疫局等机构。

二、农产品进口技术法规标准

柬埔寨关于农产品进口的检验检疫法规主要有《动物及动物制品卫生检疫次法令草案》《动物和动物源性产品的检验》《动物及动物制品卫生检疫次法令草案》《植物检疫次法令》《内阁管理和兽医法实施细则》《关于柬埔寨全境国际边境检验办公室、双边国境核查点、边境地区核查点和海港核查点的决定及其管理》等。关于检验检疫人员的职责也有详细规定，如1999年发布的《入境点卫生检疫官员的职责和责任的规定》，2008年发布的《入境点卫生检疫官员履行职责的规定》。

三、农产品进口检验检疫措施体系

为了确保国家"从农田到餐桌"的管理纲要得以实施，1995年柬埔寨成立了部际联席委员会（IMC），负责食品的生产和质量安全管理。该委员会由商务部牵头，秘书处设在进出口检验与反欺诈局。《联合部长决议》明确了涉及食品安全和管理的各部门职责和分工。

（一）进境动物及其产品检验检疫程序

1. 需进行检疫的动物及动物产品。①所有动物种类；②动物源产品或动物食品；③运输、饲养材料、动物储存材料和动物源包装材料。

2. 申报。进口动物、动物源产品或动物食品的个人和法人必须在货物到达前至少5天通知检验员。当货物到达柬埔寨边境时，货主须报告并申请检查。通过水路运输的货物进入柬埔寨水域时，须通知最近的检查站并申请货物运输工具检查。进行检验后得到检查站的授权，这些运输工具才能停靠在港口的码头。

3. 检验检疫。进口货物必须按照动物传染病的名录进行检查，禁止进口动物和动物源产品携带名录中的病原。进口货物必须具有出口国发放的卫生证书。

4. 检疫处理。动物或动物产品不符合柬埔寨的贸易条款、协定或其他条例，执行以下措施：①将货物退回原出口国；②改变货物的用途；③在检验员指定的地点运输、装卸货物；④在检疫站扣留动物，进行监测、分析、处理、接种疫苗或消毒；⑤销毁。

（二）入境植物及其产品检验检疫

1. 需进行检疫的植物及植物产品。①未经过非疫病认证的植物（或植物部分）、植物产品；②包装材料或者木箱、托盘和其他运输及储存工具；③土壤或附着于植物及其组织部分的土壤；④昆虫或微生物；⑤非植物源性但可能为昆虫提供生活环境的其他物品。

2. 基本要求。①进口货物必须附有出口国植物检疫主管机构按照《国际植物保护公约》规定模式颁发的"植物检疫证书"。②进口货物不含柬埔寨的检疫性或危险性有害生物。如果这些货物被上述有害生物损害，必须在投放市场前进行检疫处理。③出口货物的检疫遵照贸易条款、协定、惯例或其他相关文件中关于进口国的检疫条例执行。

3. 检疫程序。①进口植物的个人或法人必须在货物到达前10天通知植物检疫站；②在到达边境入口的第一个检查站时，货主必须通知最近的植物检疫站并申请检验，检疫站指明植物检验检疫的具体地点，检验检疫工作必须在接到通知后的24小时内完成；③一旦检疫性或危险性有害生物侵入柬埔寨某地，植物检疫部门必须采取恰当、有力的措施，立即进行控制和消除，检疫处理的费用须由货主支付；④检疫合格后，颁发证书放行；⑤货物出口前 10 天，货主必须向植物检疫局提出申请检验检疫和出具"植物检疫证书"，并为检疫提供便利。在此期间，检疫局必须完成检验检疫和处理工作。其余程序同进口货物的程序。

四、农产品认证制度

在产品认证方面，柬埔寨标准局（ISC）负责产品认证以满足柬埔寨标准，对于尚未制定产品标准的，实施产品注册制度。在体系认证方面，柬埔寨标准局负责出具有关认证证书，证明产品符合 ISO9001、ISO14001 和 HACCP 的要求。柬埔寨产品市场准入的检验机构包括农业、森林和渔业部（MAFF）负责鲜肉、鱼和农残的检验；工业、矿业和能源部（MIME）负责国内食品加工和工业产品的检验；商务部（MOC）、经济财政部（MEF）、柬埔寨进出口检验和反欺诈总局（Camcontrol）负责对市场监督以及出入境产品的检验。

在认可方面，柬埔寨的国家认可机构是柬埔寨工业、科学、技术和创新部（MISTI）下属的认可部（Department of Accreditation，DA），柬埔寨国家认可委员会（Cambodian Accreditation National Council，CANC）是认可活动的监管机构，属于柬埔寨部长级工作委员会，成员来自 MIS-TI、MAFF、MOC、MOE、MEF 等多个国家部门及组织。DA 也是东盟认可及合格评定委员会（ACCSQ）WG2 工作小组的成员。柬埔寨国家认可委员会（CANC-DA）现在是亚太实验室认可合作组织（APLAC）准成员和太平洋合作组织（PAC）准成员。

在认证方面，联合国工业发展组织（UNIDO）目前正在向柬埔寨标准局（ISC）提供援助，以便引进符合 ISO 指南要求的产品认证方案。该方案已于 2004 年 10 月推出，柬埔寨标准局正致力于向其国内推广这项新方案。

44. 印度尼西亚农食产品检验检疫政策如何？

印度尼西亚是全世界最大的群岛国家。农业以种植业为主，主要生产粮食作物和经济作物。印度尼西亚是农产品出口大国，主要出口产品为棕榈油、橡胶、糖浆、咖啡等；主要进口产品为小麦、大豆、棉花、食糖、面粉和大蒜等。印度尼西亚政府高度重视农食产品检验检疫，以确保国家生物安全。

一、农产品进口监管机构

印度尼西亚农业部（MOA）负责制定并执行《动物、鱼类和植物检疫法》《新鲜植物源性食品进出口安全管理措施》等法律法规，其下属的农业检疫局（IAQA）负责进出境动植物检疫工作。海洋事务和渔业部（MMAF）负责实施《渔业法》及相关监管活动。贸易部（MOT）负责制定外贸政策法规、区分进出口产品管理类别、管理进口许可证申请、指定进口商及分发配额等工作。卫生部（MOH）负责监管食品进口。

二、农产品进口技术法规标准

（一）《食品法》

印度尼西亚食品安全方面的法律主要以《食品法》为基础，该法在食品加工、贮藏、包装、标签、运输、食品添加剂、转基因和基因改造等方面提出要求。

（二）食品添加剂相关法规

印度尼西亚食品添加剂相关法规主要是 2004 年国家食品药品管理局陆续颁布的各项食品添加剂具体安全限量法规。

（三）农药残留相关法规

2015 年，印度尼西亚农业部颁布了《关于进出口新鲜植物源性食品安全管理的农业部部长规定》，该法规定了进口蔬菜、水果、谷物、豆类、果仁、茶叶等 103 种植物源性食品的农药残留最大限量。2016 年，印度尼西亚农业部颁布了有关进口植物源新鲜食品的食品安全控制法规。该法规设立严格的准入门槛和准入程序，建立进口申报、检验、监控措施和食品安全限量标准，明确农药残留、重金属、毒素和微生物等残留限量指标要求，监管向印度尼西亚出口的水果、蔬菜、谷物、坚果、豆类、咖啡等新鲜植物源性食品。

（四）微生物和有毒有害物质相关法规

2011 年 3 月，印度尼西亚国家食品药品管理局发布了《关于确定食品内微生物和化学污染物最大许可限量的条例》，保障国内农食产品安全。

（五）食品标签相关法规

印度尼西亚要求农食产品标签上要标明食品添加剂等成分。此外，如某种食品经过辐照处理或含有转基因成分，也应在标签上标识。国家食品药品管理局发布了关于加工食品标签的具体规定，该规定要求在清关前粘贴标签（包括补充标签），且产品注册号应与国家食品药品管理局批准的标签一致。

三、农产品进口检验检疫措施体系

印度尼西亚农食产品进口均需进行注册，其目的是确保该产品符合印度尼西亚对食品安全、质量营养和标签等相关规定。

（一）加工食品注册

所有零售包装的加工食品都须在销售前获得注册批准书，但下列产品除外：家庭内工业生产的食品；常温下保质期最长为 7 天的食品；实验、个人消费用的少量样品；不直接销售给最终消费者，仅用作原料的加工食品；少量直接在购买者面前销售的散装食品；快餐；收获后仅经过简单加工的食品，包括洗涤、剥离、干燥、研磨、切割、盐腌、冷冻、混合和漂烫，且不添加食品添加剂的食品。

1. 注册程序。 新产品进入印度尼西亚的注册分三种类型：新注册、变更注册和续约注册。注册程序共分为两种：手动注册和电子注册。只有当电子注册无法操作时，才使用手动注册。

电子注册：即通过电子注册系统完成常见的或低风险食品、食品添加剂的注册。注册通常需要 4～6 个月。在通过印度尼西亚在线系统注册产品之前，申请人必须提供相关文件，包括委任信（LOA）、自由销售证书（FSC）、实验室测试结果、产品规格和原料规格等，申请通过后可进行电子注册。

手动注册：该注册过程用于特定食品和食品添加剂，如高风险的产品或具有营养声明的食物（如孕妇食品、特殊饮食食品、特定健康状况的食品等）。完成注册程序至少需要 6 个月时间。

2. 进口要求。 一般文件要求：食品制造商或供应商需提供详细材料和产品样品进行商品注册。可将样品寄给当地代理商或进口商，由当地代理商或进口商代为注册。国家食品药品管理局收到商品制造商或供应商提供的注册文件要求后，需对商品进行评估和检测，确定商品风险等级。

3. 货物清关。 进口文件应简明扼要、语言简单、内容完整。如果货物到港且文件齐全，当天即可完成清关。如果文件不完整，可能需要数星期才能完成清关。目前，印度尼西亚政府致力于提高清关效率，实现进口产品在入境口岸的平均停留时间不超过4.7天。

（二）进境动植物及其产品检验检疫程序

印度尼西亚要求进口自植物来源新鲜食品认证（FFPO）国家的商品，须提交预先通知。相关部门收到预先通知的时间不得迟于该批货物抵达印度尼西亚的时间，且该预先通知必须通过网上提交。预先通知须注明装货日期和地点、抵达目的地的日期和地点、运输类型、产品名称、进口数量、原产国、包装单位、进口用途和集装箱标识号。印度尼西亚要求蔬菜等新鲜园艺产品的进口需提交良好农业规范证书、农场登记和包装工厂登记。所有文件必须翻译成印度尼西亚语。

（三）印度尼西亚针对自中国进口特定农产品相关要求

中国对印度尼西亚主要出口农产品有水果、蔬菜、糖、水产品等。根据联合国商品贸易统计数据库数据，2021年，中国对印度尼西亚农产品出口总额25.1亿美元，其中，水果出口额6.2亿美元、占中国对印度尼西亚农产品出口总额的24.7%，蔬菜出口额5.5亿美元、占比21.9%，糖出口额1.6亿美元、占比6.4%，水产品出口额1.2亿美元、占比4.8%。其中，针对特定产品入境及检验检疫要求如下。

1. 新鲜果蔬。 印度尼西亚要求从认可食品安全控制系统的国家进口的果蔬产品须在线提交预先通知；来自未认可食品安全系统国家的果蔬产品必须提供预先通知和印度尼西亚政府认可实验室的分析证书，主要是关于农药残留限量的分析证书。

2. 酒精饮料。 印度尼西亚将酒精饮料（不论进口或当地生产）定义为"受监督的货物"，该产品的分销和销售由印度尼西亚政府投资管理局控制。分销酒精饮料必须符合印度尼西亚国内关于甲醇含量、微生物和化学污染以及食品添加剂的食品安全标准。

3. 肉禽产品。 印度尼西亚要求出口肉类企业提供产品清真证书，该证书由印度尼西亚清真机构认可的认证机构颁发。进口商须在提交给农业部畜牧业和动物卫生服务总局的动物源产品许可证中注明进口产品和市场目的地（餐馆、酒店、餐饮、加工、零售等）。

4. 宠物食品。印度尼西亚进口宠物食品受到规定管制，由于宠物食品一般含有动物源性产品，进口商须先获得农业部畜牧业和动物卫生服务总局批准，才可从宠物食品生产加工厂进口宠物食品。

5. 大米。印度尼西亚只允许国有企业进口非加工原料用大米，其他进口大米只能作为食品加工原料进口，不得对外销售。进口仅限于以下品种：100%碎米、100%碎糯米、碎米不超过5%的粳米、米粉、全麦糯米、泰国香米、茉莉香米、印度香米、其他稻米。

6. 糖。印度尼西亚要求进口原糖只能用作炼糖厂生产用原料，进口精制糖只能作为食品和饮料行业原料。只有持进口商制作人识别号码的进口商（印度尼西亚语 Angka Pengenal Importus - Produser，API - P）可以进口原糖或精制糖。API - P 进口商必须从工业部获得进口推荐，方可向贸易部申请进口许可证。进口原糖和精制糖的进口许可证在签发日期 6 个月内有效。国有企业和 API - P 进口商在获得政府授权时可以进口白糖。

7. 水产品。印度尼西亚只允许进口其当地水域无法生产的鱼类品种，除非出现季节性产量短缺。每批货物运抵时将进行检疫检查，因此进口商应至少在货物抵达前一天获得检疫隔离证书。进口商提交给有关部门的材料包括进口许可证、健康证明、原产地证书、合法捕捞证书、发票和包装清单。当货物到达口岸时，海关将验证上述材料，进行物理检查，并采集样品进行实验室检查，以确保其安全性。

四、农产品认证制度

任何进入印度尼西亚境内的动植物产品均需附有出口国家或过境国家的健康证书。进境、出境和过境只能通过指定的进出口岸进行且须通知当地检疫机关进行现场检疫。

（一）进口新鲜水果和蔬菜认证要求

如果新鲜水果和蔬菜来自已知发生过果蝇侵害的生产地区，则商品须在装运前进行熏蒸、热蒸处理和辐照处理，或在适合新鲜水果和蔬菜的温度下进行途中冷藏处理。对于途中冷藏处理的产品，须附上注明温度记录的植物检疫许可证。

（二）进口鱼类和渔业产品认证要求

目前，印度尼西亚政府减少了对鱼类和渔业产品进口所需证书的数量，仅需要一份鱼类和渔业产品卫生许可证和原产地证书。

（三）进口动物、动物来源的材料或由动物来源材料制成的产品认证要求

一是进口商必须取得印度尼西亚贸易部发放的进口许可证。该许可证有效期为自进口推荐签发之日起6个月。二是具有人畜共患传染病传播风险的活体动物、动物产品和加工动物产品取得进口许可证后，需从农业部获得进口推荐后方可放行。农业部指定有关机构向畜牧业和动物卫生服务总局发放进口推荐，进口推荐可随时申请，但必须在向贸易部申请进口许可证的3个月内使用。三是相关产品须附有原产地证书说明动物、动物来源的材料或其产品来自不存在已发生检疫性病害的地区。四是进口必须通过指定的入境点进口。

（四）进口种子认证要求

在进口前，种子进口商必须通过国家种子机构向农业部申请进口许可证。许可证有效期为6个月。

（五）清真认证要求

印度尼西亚对农产品清真认证制度较为严苛。用于人类食用的动物来源产品包括肉类、乳制品等，必须附有经认可的海外清真认证机构颁发的清真证书。

45. 老挝农食产品检验检疫政策如何？

老挝，位于东南亚中南半岛北部内陆，北邻中国，南接柬埔寨，东临越南，西北毗邻缅甸，西南毗邻泰国，国土面积23.68万平方公里，人口约700万。老挝于1997年加入东盟，2013年加入世界贸易组织，是东南亚最后一个加入WTO的国家。2021年，中老农产品贸易总额2.5万美元，其中老挝自中国农产品进口额5 255万美元，前五大进口农产品包括蔬菜、粮食制品、饮品类、坚果和水果，进口集中度80%。

一、农产品进口监管机构

老挝主管农食产品的主要政府部门有工业贸易部、农林部、卫生部等。

（一）农林部

农林部是老挝农业、林业、牧业、渔业的主管部门，下设农业部、林业部、灌溉部等多个部门，负责出入境动植物检验检疫、颁发进出口许可以及《农业法》《森林法》等法律法规的实施。在各省下设农林服务机构，主要负责农产品进出口管理，并设有进出境动植物检查口岸。

（二）工业贸易部

老挝工业基础薄弱，以木材加工、碾米为主的轻工业和以锡为主的采矿业是最重要部门。工业贸易部负责进口许可证管理和加工食品、饮料等产品的质量监管，规范和促进生产、贸易、进出口等活动。

（三）卫生部

卫生部负责对食品药品和医疗产品的质量安全以及传染病进行检测控制，履行《国际卫生条例》义务，并按照《食品法》管理进口食品的质量和安全，在口岸设置出入境边境检查站。

二、农产品进口技术法规标准

老挝涉及农食安全领域法律法规主要有：1992 年 8 月老挝政府发布的《植物检疫规定》，1993 年 5 月发布的《动物监管规定》，1997 年农林部发布的《贯彻 1993 年的〈动物监管规定〉的实施细则》，1998 年颁布的《农业法》（Law on Agriculture）以及 2004 年颁布的《食品法》（Food Law）等。

三、农产品进口检验检疫措施体系

老挝科技部主管技术性贸易壁垒（TBT），下设标准及计量司，负责老挝国内涉及质量、标准、检测、管理（认证）体系等标准化领域的各项工作。老挝是东盟成员中经济发展比较落后的国家，检验检疫监管体系和法规体系相对滞后，目前尚未建立完整的合格评定及标准认证体系。老挝在 TBT 领域主要依靠国际援助加强国内产品质量体系建设和检测能力。

老挝食品安全措施体系特点包括：注册制度，所有食品进入市场之前必须经过注册；重点控制，列出重点控制食品清单，对其实行许可证管理；全面监管，加强管理和组织协调，对所有食品进行质量监管。

四、农产品认证制度

（一）认证情况

1. 自愿性认证。自愿性认证是根据顾客、相关方的要求自愿申请的认证。老挝自愿性产品认证包括饮用水、咖啡豆、奶粉、白糖等，目前已有 126 项产品获得认证。

2. 有机认证。 有机农业的概念于 1990 年首次引入老挝，但由于缺少与有机产品的市场连接，农民通常将有机农产品作为传统产品销售。老挝政府制定了《2025 年国家有机农业发展战略计划和 2030 年愿景》，表明了对有机农业的长期支持，由农林部（MAF）会同工业、商务部及公共卫生部负责有机农业的推动和有机产品认证规范管理。农林部在其农业总司（DOA）下设老挝有机认证中心负责有机认证，DOA 依据 ISO、IEC 17065、GMP、HACCP 等标准开展有机认证工作。2006 年，茶叶成为老挝第一类获得有机认证的农产品，目前老挝主要有机认证农产品是茶叶、咖啡、大米、蔬菜等。

（二）老挝互认协定和合作情况

自 2005 年老挝颁布国家有机标准之后，老挝农业部积极与外部共同开展有机农业合作项目。老挝农业部与中国认证认可管理部门长期保持友好的沟通合作，开展多次互访交流活动。多年来，中国通过帮助老挝建设认证认可体系、申请中国认可、开展技术培训与研讨、签署谅解备忘录和合作协定等途径，为老挝提供支持和帮助，进一步推动双边贸易稳定健康发展。

46. 马来西亚农食产品检验检疫政策如何？

马来西亚属于传统农业国家，政府非常重视农产品质量安全问题。目前马来西亚已建立跨部门管理体系，制定了农产品质量安全的基本法规和标准限量要求，以确保食品供应链各环节管理严格。

一、农产品进口监管机构

（一）农业与食品部

农业与食品部是马来西亚农业、畜牧业和渔业的主管部门，主要负责进出境动植物检疫监管，制定农业政策、战略和发展规划，执行《检疫检验法》《动物法》《植物检疫法》《渔业法》等法律法规。该部下设 5 个与农产品管理相关的职能部门，分别是：

1. 农业司（DOA）。 依据国家《植物检疫法》和《农药法》履行其对植物、植物产品和农药的管理职能。具体执行处室是作物保护和植物检疫处。

2. 渔业司（DOF）。 依据国家《渔业法》实施对渔业生产和产品的管理。由水产养殖开发处负责实施许可、检疫和鱼类卫生政策、对养殖场进行注册、对进出口渔业产品进行检疫、控制和消除鱼类疫病等工作。

3. 兽医司（DVS）。 依据国家《动物法》管理动物的进出境及其在境内的运输，管理动物的屠宰，防止动物疫病的传入和在境内的传播。由检疫和进出口管理处为进出口的活动物和鸟类提供检疫服务、签发进出口许可证和卫生证书等。

4. 伊斯兰发展局。 是马来西亚的清真食品认证部门，通过对清真食品生产者卫生操作和企业卫生环境的管理，确保清真食品的质量和安全。

（二）卫生部

卫生部是马来西亚公共卫生主管部门，主要负责食品质量安全管理，其下设公共卫生司的食品安全和质量处按照马来西亚《食品法》对进出口食品安全实施管理，并在全国 28 个入境口岸设置卫生检疫站。

（三）国际贸易与工业部

负责进出口商品许可和贸易管理，内设 10 个司局，其中对外贸易发展局是马来西亚贸易主管机构。

二、农产品进口技术法规标准

马来西亚食品安全法律法规体系以 1983 年的《食品法》和 1985 年的《食品条例》为主体，辅以相关法律法规，规定了大多数加工食品的国家安全和质量标准，卫生部食品安全和质量处负责执行。

（一）食品安全基本法规

马来西亚卫生部作为国家食品安全卫生的主管部门，于 1983 年制定了《食品法》，这是马来西亚食品安全领域的基本法规。此后，马来西亚又于1985 年出台《食品条例》。目前已颁布了一系列食品安全管理条例，如《食品卫生条例》《食品进口条例》《食品辐照条例》《转基因食品条例》等。

马来西亚对食品营养标签要求严格。2003 年 3 月，马来西亚对《食品条例》（1985）进行了修订，规定谷物制品等 7 大类食品必须加贴营养标签方可在市场上销售，这 7 类食品分别是：①谷物制品及面包；②乳制品；③面糖制品；④罐装肉、鱼和蔬菜；⑤罐装水果和果汁；⑥色拉调料和蛋黄酱；⑦软饮料。

（二）动物检疫法规

动物检疫法规有《动物法》《动物管理规定》《动物进口指令》等，以加强对进出口动物以及国内市场流通动物的监管，规范动物饲养和宰杀行为。《渔业法》对渔业的管理包括：保护和开发马来西亚水域海洋和港湾渔业捕捞，保护水生哺乳动物和龟类水生动物等。

（三）植物检疫法规

植物检疫法规有《植物检疫法》《马来西亚检验检疫法案》《马来西亚检验检疫（检疫审批、签证）条例》及《马来西亚检验检疫（简易程序）条例》等。

（四）食品添加剂相关法规

《食品条例》规定了食品添加剂的定义、使用原则、标签等相关要求，对进出口农食产品的食品添加剂管理同样适用。此外，《马来西亚农食产品进口法规与标准》规定了在食品中添加防腐剂的种类和最大允许量。

（五）农药残留相关法规

《食品条例》规定，如食品中的农药残留比例大于规定要求，则不得进口或销售。

（六）其他法规

马来西亚《食品条例》及《马来西亚农食产品进口法规与标准》确定了对食品接触材料的法规内容。进口食品除需符合上述法规要求，还需符合《进口食品规则》《食品卫生规则》《食品辐照规则》《转基因食品规则》等其他条款。

三、农产品进口检验检疫措施体系

（一）农产品进口流程

1. 进口许可证、商品注册等

2. 进口清关程序

3. 进口检验检疫

4. 销售许可程序

5.其他

(二)进口动植物及其产品检验检疫程序

1.进口动物及其产品检验检疫程序。进口活体动物或鸟类需向农业与食品部兽医司（DVS）提出书面申请并交纳规定费用，以获得进口许可证。所有进口到马来西亚的红肉、家禽、鸡蛋和奶制品必须通过DVS注册和批准。DVS还监管马来西亚的牲畜进口，并要求提交进口许可证和健康证书。进口动物的清真认证由马来西亚伊斯兰发展局负责。

2.进口植物及其产品检验检疫程序。马来西亚的植物和植物产品进口受《农业害虫和有毒植物（进口/出口）条例》管辖。植物检验检疫的目的是控制从外国进口的病虫害传入。进口商须向农业与食品部检验检疫局（MAQIS）申请进出口植物检疫许可证。该许可证规定了植物进口的所有条件，可从相关植物检疫中心获得，并在计划检测前递交。

(三)中国对马来西亚重点出口农产品

中国对马来西亚主要出口动物及其制品、蔬菜、饮品和水产品等。2021年，中国对马来西亚农产品出口总额42.5亿美元，其中，出口动物制品10.4亿美元、占总额的24.4%，蔬菜6.9亿美元、占总额的16.1%，饮品4.4亿美元、占总额的10.4%，食用水果及坚果4.1亿美元、占总额的9.6%，水产品2.9亿美元、占总额的6.7%。

(四)申请入境的基本条件

马来西亚要求进口食品必须注册食品安全信息。马来西亚有专门的食品安全信息系统，进口商可登录食品安全信息系统（FoSIM）的官网进行在线注册。

食品安全信息系统于2003年启用，该系统与海关信息系统（CIS）相连接，将马来西亚国家级的食品检测实验室和海关部门紧密相连，可以使食品进口商和相关监管部门通过电子方式对进口食品进行监管，最大限度保障进口食品的安全管理。

四、农产品认证制度

(一)清真产品认证

清真食品在马来西亚是主流食品，在超市等食品经营场所，非清真食品被贴上红色标签用于区别。出口到马来西亚的清真产品，需要获得伊斯兰国家公认的清真 Halal 认证证书。Halal 认证，中文译为"清真"，即符合穆斯林生活习惯和需求的食品、药品、化妆品以及添加剂。穆斯林不能食用从猪或其他没有经过伊斯兰屠宰方式屠宰的动物身体提取的材料。牛、羊、鹿、驼鹿、鸡、鸭、猎鸟等动物也需要是清真的，即必须使用符合伊斯兰教法的屠宰方式才能食用。

根据马来西亚的清真标准，该国进口的肉类（猪肉除外）和畜产品（如牛肉、家禽、奶制品和鸡蛋）需经过马来西亚伊斯兰发展部（JAKIM）的清真认证。食品企业如果希望使用马来西亚官方的清真认证标识，其位于原产国的加工工厂必须接受由两位 JAKIM 审查员组成的检查组对其进行相关清真认证的检查及评估。

目前中国有 6 个受到马来西亚伊斯兰发展部认可的清真认证组织，包括中国伊斯兰协会以及位于重庆、上海、甘肃和陕西的认证机构。

（二）有机食品认证

自 2011 年起，任何有机产品必须获得马来西亚有机计划（SOM）认证，否则不得在市场上标识为"有机"出售。加工及进口的有机产品也必须符合这项认证或国际认证。

47. 缅甸农食产品检验检疫政策如何？

缅甸位于东南亚中南半岛西部，耕地资源丰富，气候适宜，十分适合粮食和经济作物生长。农业在国民经济中占有重要地位，农村人口占70%，农业 GDP 占总 GDP 的 30%，主要农作物有水稻、小麦、玉米、花生、芝麻、棉花、豆类、甘蔗、油棕、烟草和黄麻等。

一、农产品进口监管机构

（一）农业与灌溉部

农业与灌溉部负责农业生产和农业灌溉管理。其下设的植物保护处负责综合病虫害管理、植物检疫和农药分析检测，管理农产品（蔬菜、水果等）的进出口。其下设的农业服务局管理农产品进出口，并在口岸设立边境检疫站。

（二）畜牧与渔业部

畜牧与渔业部是缅甸畜牧业与渔业的主管部门。其下设的畜牧养殖和兽医司负责畜牧养殖管理、动物产品进出口和检验检疫；渔业司负责渔业生产和渔产品管理，海洋捕捞、淡水捕捞和养殖渔产品的质量安全监管以及进出口管理。

（三）卫生部

卫生部是缅甸国家公共卫生的主管部门，负责对食品的生产、进口、出口、储存、流通和销售等实施必要的监督、控制和管理。其下设的卫生司负责公共卫生管理，其中食品药品管理局负责食品（鲜活食品除外）和药品的注册、生产、进出口、销售、标签、宣传和实验室检测等。

（四）商贸部

商贸部是缅甸贸易的主管部门，负责制定与实施贸易政策、促进贸易发展、现代信息和通信技术业务的发展与使用、扩大国际贸易合作、改善贸易环境、保障国内消费和生产需要、保障商品价格稳定、进出口许可证审批和商品检验管理等。

（五）教育部研究与创新司

教育部研究与创新司负责通过推进测量科学、标准、合格评定和技术来推动经济增长和提高人民的生活质量，以促进缅甸的贸易竞争力，主要由标准发展处、认证处和计量处承担工作。

二、农产品进口技术法规标准

缅甸农食产品法规体系主要以国际标准为参考，主要参考的标准有ISO标准、英国标准（BS）、印度标准（IS）、德国标准（DIN）、日本标准（JIS）、马来西亚标准（MS）和美国标准（ASTM）等。如2017年实施的新《国家食品法》由美国国际开发署（USAID）提供协助，相关国际组织等同时参与起草。国内主要的农产品技术法规包括：

1.《公共健康法》。该法旨在控制食品、药品、环境卫生、传染病与私人诊所的卫生与质量安全，通过立法保障公民健康。

2.《国家食品法》。该法是缅甸食品安全的基本法律，参考了国际食品法典委员会（CODEX）的相关规范，对有潜在危害的食品进行监督管理，包括食品的生产、进口、出口、储藏、运输、销售等环节。

3.《农药残留法》。该法旨在规范农兽药的使用规则，对保障食品和农产品质量安全起到规范作用。

4.《植物害虫检疫法》。该法旨在规范农业质量安全与国家检疫规则。

5.《动物发育健康法》。该法旨在规范对进口肉类及其加工品的检验检疫。

6.《进出口管理法》。该法旨在规范进出口贸易管理规则。

三、农产品进口检验检疫措施体系

向缅甸出口食品需进行注册，并获取相关许可证。签发许可证的部门是商务部下属的贸易局和边境贸易署。贸易局授权签发海运进口许可证，边境贸易署签发边境贸易进口许可证。向缅甸出口食品必须遵守缅甸食品法律，以及缅甸食品药品监督管理局（FDA）制定的有关食品生产、检查、销售、储存、运输、标签标识等规定。

对于已有标准的进口食品，缅甸执行其食品国家标准（如农药残留标准、食品安全标准、添加剂标准等），对其未有标准的食品参照 CODEX 标准。缅甸口岸将按照进口许可证记录的内容进行检查。涉及的证书包括：卫生证书、原产地证书、质量证书、生产许可证等。进口食品还须标明名称、原材料、生产商、保质期、保存条件及食用方法等，但未对进口食品的包装尺寸、重量等作具体要求。

缅甸食品药品监督管理局在缅中和缅泰边贸口岸设立食品药品监督管理处，对从边贸口岸进口的食品和药品进行监督管理，具体履行对食品的口岸检查职责。检验检疫要求见表3-2。

表3-2　缅甸重点农产品进口检验检疫要求

序号	产品	证书名称	证明需要	监管部门
1	植物和植物产品	动植物卫生检验局（APHIS）植物检疫书	证明产品没有检疫性病虫害	农业部
		第三方国家植物检疫证书	证明产品没有检疫性病虫害	农业部
		进口许可证	产品获准进口证明	缅甸海关署

（续）

序号	产品	证书名称	证明需要	监管部门
2	猪、牛、禽肉	由授权兽医官员签署的健康证明	证明产品安全、有益健康且贴有适当标签的证明	畜牧业和兽医部
		良好生产规范（GMP）证书加上 HACCP 或 ISO22000 或类似食品	证明由遵循国际良好生产规范的制造商生产	畜牧业和兽医部
		进口许可证	产品获准进口证明	缅甸海关署
3	加工食品	分析证书（COA）食品安全	所需的微生物、化学和重金属测试结果取决于产品类别	食品药品监督管理局
		GMP 证书和 HACCP 或 ISO22000 或类似标准食品安全管理证书	证明产品由遵循国际良好生产规范的制造商生产	食品药品监督管理局
		进口许可证	产品获准进口证明	缅甸海关署

中国对缅甸主要出口水果、饮品、蔬菜、畜产品、粮食制品等。2021年，中国对缅甸农产品出口总额 5.0 亿美元，同比下降 33.6%。其中，水果 1.2 亿美元、饮品 1.0 亿美元、蔬菜 0.4 亿美元、畜产品 0.3 亿美元、粮食制品 0.3 亿美元。

四、农产品认证制度

（一）标准主管部门

缅甸标准主管部门是科技部下属的科技研究院，下设标准研究所，负责本国标准法律法规的起草、制定国家标准、与国际标准化团体合作、为产业提供标准化技术信息、为实验室及相关机构校准测量仪器等工作。

（二）农食产品标准体系

缅甸积极参与东盟标准及质量协商委员会的标准化制定，并与其他国家标准化组织开展合作。为加强标准化工作，缅甸于 2006 年成立了 19 个标准化与质量促进委员会，涵盖食品、农业技术、畜牧和渔业等领域。

（三）标准制定的程序

缅甸标准研究所对各社会团体或企业提出的标准制定建议高度重视，

标准草案在正式出版前将进行公示，以征求各方意见。按相关流程，缅甸标准研究所将组织 10～20 名标准专家，在 6～9 个月时间内对已经制定的标准进行重新审核、提出改进方案，通过不断颁布标准修订稿来对标准进行完善与更新。

48. 菲律宾农食产品检验检疫政策如何?

菲律宾是东南亚群岛国家，属于热带海洋性气候。农业生产在其国民经济中占据重要地位，以种植业为主，椰子产量和出口量均占世界总量六成以上。中国是菲律宾香蕉的主要出口市场，也是菲律宾第二大贸易伙伴和第一大进口国。菲律宾是亚洲首个批准生物技术应用于粮食作物种植的国家，其政府颁布了生物技术安全应用的规章制度，农业生物技术部门负责具体贯彻执行。

一、菲律宾农产品进口监管机构

(一) 农业部

农业部主要负责促进农业发展，为农业企业提供政策指导、公共投资和支持服务。农业部下设国家奶制品局、国家食品局、国家肉品检验局、菲律宾椰子管理局、食糖管理局、畜牧业管理局、植物业局、渔业和水产资源局、农渔产品标准局、化肥与农药管理局等机构。农业部及其监管机构负责初级农产品和渔业产品等的进口技术法规制定。

(二) 卫生部

卫生部主要负责食品药品安全管理，其下设的食品法规中心与食品药品监督管理局负责加工食品、预包装食品药品等的质量安全监管。

(三) 贸工部

贸工部主要负责食品在贸易、运输和交接过程中的安全监管。下设菲律宾产品标准局（BPS），BPS 设有标准发展部、标准信息服务部（包括标准馆和 WTO/TBT 咨询点）、产品认证部、质量体系认证和合格评定机构认可部等单位。BPS 主要负责开展、实施和协调菲律宾国内所有标准化工作，包括制定和宣传国家标准、开展产品测试和认证以及认定管理体系认证机构，以提高菲律宾产品的全球竞争力，保护消费者和企业的利益。

二、菲律宾农产品进口技术法规标准

菲律宾负责制定和执行食品安全标准的主要部门是卫生部和农业部，其食品法规一般参照现行国际机构制定的标准。菲律宾农食产品基本法律法规具体包括：《食品安全法》《食品、药品、医疗器械及化妆品法》《农业和渔业及现代化法》《菲律宾卫生法》《菲律宾渔业法则》《植物检疫法》《菲律宾进口肉类及肉制品管理的修订法规、条例及标准规程》《检疫法》等。与农药残留相关的法律法规主要有《食品安全法》《植物检疫法》《农业及渔业现代化法案》等。

（一）食品添加剂相关法规

食品添加剂必须符合菲律宾《食品安全法》和食品药品监督管理局（PFDA）为相关产品制定的法规。PFDA 将添加剂广泛定义为影响食品或饮料产品特性的任何物质，具体包括用于食品生产和加工的产品，以及包装、运输或保存的产品。

（二）农药残留相关法规

如果进口产品含有农药或兽药残留，或超过菲律宾、东盟标准以及《国际食品法典》规定最大限量的其他污染物，该产品将不得入境或被扣押。

（三）兽药残留相关法规

由农渔产品标准局（BAFS）制定并发布国家标准，规定了食品中兽药的最大残留限量。

（四）重金属及化学污染物相关法规

菲律宾食品和饲料中污染物和毒素国家标准仅适用于初级产品，不适用于加工产品。

（五）微生物相关法规

菲律宾食品药品监督管理局制定的《加工食品的微生物标准》规定了农产品和食品的微生物限量指标值，具体包括以下产品：乳制品、黄油、冰淇淋、可可粉、冷藏蔬果、脱水蔬果、禽蛋及其制品、谷物及其制品、烘烤类食品、肉制品、水产品等。

三、农产品进口检验检疫措施体系

对于植物和植物产品、活动物、肉类产品以及水产品，菲律宾农业部行政令要求在进口前签发卫生和植物检疫进口许可（SPSIC），并将其作为进口许可证。SPSIC 通常自签发之日起 60 天内有效，但敏感产品（如大米、玉米及其替代品、家禽、猪肉和渔业产品）的时间期限较短，且菲律宾农业部在其国内收获期间经常停止签发 SPSIC。

（一）进出境动物及其产品检验检疫程序

（1）只有经菲律宾农业部授权的外国肉类屠宰厂才能向菲出口肉类和家禽。

（2）所有向菲律宾出口的肉类产品要求出具由出口国动物检疫部门颁发的国际动物检疫证书。

（3）在菲律宾农业部注册并取得合格资质的进口商才可进口肉类和家禽产品。

（4）所有肉类产品在装运发往菲律宾前，必须事先得到菲律宾动物检疫局颁发的 SPSIC（该证有效期一般为 60～90 天）。

（5）对以鲜、冷藏、冷冻以外形式进口的加工肉类产品，必须在菲律宾卫生部食品药品监督管理局进行注册后才允许进口。

（二）进出境植物及其产品检验检疫程序

（1）出口商将发票和箱单传给菲律宾进口商，进口商向菲律宾农业部农作局植物检疫处（BPI）申请《进口许可证》。BPI 签发进口许可证，在该证上注明产品离岸前要求。

（2）菲律宾进口商将该证交给出口商。出口商提请出口国检疫部门根据产品的离岸前要求进行离岸检疫并出具检疫证明。

（3）在货物到达菲律宾港口后，菲律宾进口商将进口许可证和出口国的检疫证明提交给检疫部门。

（4）进口商进口的植物、植物产品无论是天然状态还是加工状态，只要可能隐匿植物有害生物，就应向入境口岸及时提交《检验申请》，除有其他规定外，入境产品按照 10%～15% 的比例随机接受检验。

（5）发现入境产品带有植物有害生物时，应按规定进行处理，或退回原产国或在入境口岸销毁，有关费用由进口商承担。

（6）所有的植物、植物产品和其他材料经检验未发现有害生物，且与检验申请表上所申请的进口植物品名一致时可放行。

四、菲律宾农产品认证制度

菲律宾对国产产品及进口产品实施不同的认证制度，分别实施强制性的菲律宾标准认证制度（PS 认证）和进口商品许可证制度（ICC 认证）。

（一）菲律宾标准认证体系/PS 认证体系（Philippine Standards Certification Scheme）

菲律宾标准认证体系分为安全认证和质量认证，产品评定依据菲律宾国家标准及技术要求或菲律宾对外声明采用的国外标准（如 IEC 标准），产品通过认证检测后，生产商将获得菲律宾产品标准局批准并签发的 PS 许可证书，并可以在产品或产品包装上使用 PS 产品安全标签或 PS 产品质量标签，产品上市销售前须加贴认证标签。

申请者向菲律宾产品标准局（BPS）提交申请材料，BPS 或其认可的认证机构审核认证文件，对制造商进行质量体系审核，并对产品进行测试，符合要求后进行第三方独立测试，并由菲律宾产品标准局、菲律宾工贸部区域办公室或其他认证机构进行审核测试。审核结束后，若申请材料符合规定，BPS 将批准申请并签发证书。

（二）进口商品许可证体系（Import Commodity Clearance，ICC）

国外产品若属于菲律宾强制性国家标准的覆盖范围，进口货物符合菲律宾国家标准或国际上普遍接受的国外标准要求，并经过菲律宾产品标准局认证后，菲律宾产品标准局向产品的进口商颁发 ICC 许可证书，准许其在产品的包装上使用 ICC 标志，货物即可通关放行。若产品已取得 ICC 认证，但通关时无产品测试报告，还需申请 PS 认证。此外，国外产品进入菲律宾市场后，还需接受随机抽样检查，以确保符合菲律宾国家标准要求。

49. 新加坡农食产品检验检疫政策如何？

新加坡农业自然资源匮乏，农作物栽培仅限于少量蔬菜和花卉等园艺产品，粮食供应高度依赖进口。新加坡农产品进口关税较低，仅对某些食品实行严格的检疫措施。因此，新加坡的食品法律、政策和执法实践侧重于保障其国内食品安全和农产品供应。

一、农产品监管机构

新加坡农产品管理系统主要包括新加坡食品局（SFA）、动物和兽医事务组（AVS）和贸易与工业部（MTI）。

（一）新加坡食品局

新加坡食品局隶属于可持续发展与环境部（原环境与水资源部），于2019年正式运转，以"从农田到餐桌"的全链条管理为目标，主要负责食品安全和粮食安全监管工作。该机构整合了已重组的农业食品和兽医管理局（AVA）承担的食品相关职能，同时下设国家食品科学中心（NCFS），以提高食品实验室的能力。新加坡食品局管理多项法规，包括《2019年新加坡食品局法案》《饲料原料法》《渔业法》《食品销售法》《健康肉类和鱼类法》《环境公共卫生法》《传染病法》等相关立法。《食品销售法》的附属法规《食品条例》由新加坡食品局发布，是新加坡管理进口食品和农产品的指南性文件，所有进口和本地生产的食品、饮料及食品配料等都必须遵守相关法规要求。

（二）动物和兽医事务组

新加坡动物和兽医事务组隶属于新加坡国家公园局，于2019年组建，该机构整合了已重组的农业食品和兽医管理局承担的非食用植物和动物的相关监管职能，主要负责新加坡动物和兽医相关事务，及植物和植物产品的种植、进口、转运和出口等相关职能。

（三）贸易与工业部

新加坡贸易与工业部是新加坡贸易与工业的主管部门，主要职能是从宏观角度促进经济发展、创造更多就业、指导国家经济发展方向等。该部门下设14个业务司局和1个国家事业局，主要司局包括：贸易司、经济与战略司、工业司、企业司、资源司、国际业务开发司、能力开发组等。其下属的标准、生产力与创新局（SPRING）负责制定食品的加工标准和食品加工技术研究等工作。

二、农产品技术性贸易措施法规体系

新加坡进口农产品安全监管技术法规包括《食品销售法》《环境公共

卫生法》《植物控制法》《健康肉类和鱼类法》《传染病法》《饲料原料法》《渔业法》等。

《食品销售法》附属法规《食品条例》，由新加坡食品局发布，是新加坡管理进口食品和农产品的指南性文件。所有进口和本地生产的食品、饮料及食品配料等都必须遵守相关法规要求。此外，《食品条例》规定了在新加坡进口、制造及销售的食品中允许使用的食品添加剂限量，以及农产品农兽药残留、重金属等限量要求。

三、农产品进口检验检疫措施体系

（一）农产品进口流程

只有通过食品局注册程序才能向新加坡出口农产品。出口新加坡农产品须提前从新加坡食品局获得进口许可证；农产品进口清关，除提运单（B/L）或空运单（AWB）、发票、装箱单（P/L）外，必要时还需提供原产地证明、卫生证等文件；进口商在清关后，应立即联系授权检验员，按照相关法律和条例对进口农产品进行检验；需申请获得食品零售许可证方可进行销售。

此外，根据新加坡相关法律规定，新加坡食品局有权在入境口岸检查所有进口的初级农产品、牲畜和加工食品。

1. 检查每批进口肉类和家禽的卫生情况，并确保没有疾病。对进口货物取样进行微生物检查，以检测食源性病原体和食源性寄生虫的存在，并对食品质量进行检测。

2. 严格监控进口农产品中的各种化学防腐剂，特别是牡蛎、蛤蜊、扇贝、熟蟹肉等高风险水产品。这些产品在抵达时会被自动扣留以进行检查和实验室测试。高风险贝类产品只能进口自可提供卫生计划的原产国，且须附有健康证明。

3. 检查所有进口水果和蔬菜。对进口水果和蔬菜进行采样用于农药残留的实验室测试。所有进口水果和蔬菜的外部纸箱都必须贴上标签，以表明其原产国和包装厂。超过新加坡食品法和食品法规中规定的最大残留水平（MRL）的货物将在新加坡食品局的监督下被拒收和销毁。

（二）检验检疫

新加坡对进口农产品按照相关法律法规进行检验检疫，主要包括理化检验和微生物检验。

（三）标签认证制度

新加坡《食品条例》要求所有预包装的食品须贴附标签，包含产品的名称或描述、成分表、引起过敏成分的声明、净含量、原产地等信息。

（四）包装和集装箱的规定

新加坡国家环境局与新加坡制造联合会于2021年正式启动包装伙伴计划（PPP），支持企业在强制性包装下采用可持续包装废物管理做法。《食品条例》中禁止销售、托运或使用任何其他可能含有有毒物质（铅、锑、砷、镉）的器具。

（五）中国对新加坡重点出口农产品

中国对新加坡主要出口水产品、蔬菜、水果、饮品、畜产品等。2021年，中国对新加坡农产品出口总额12.1亿美元，其中出口水产品2.3亿美元、蔬菜1.3亿美元、水果1.1亿美元、饮品1.1亿美元、畜产品0.5亿美元。

四、新加坡食品认证制度

新加坡国家标准由标准、生产力与创新局（SPRING）负责组织制定、批准和发布。SPRING目前已加入国际电工委员会（IEC）和ISO等国际标准组织。新加坡的国家标准，一般直接采用ISO、IEC等国际组织制定的国际标准，或者根据当地特点等效使用。新加坡国家标准的制修订工作通过其标准理事会和下设的标准委员会以及相应的技术委员会进行。标准委员会的技术委员会负责具体标准的编制和修订，技术委员会的成员一般是来自各有关产业部门、高校院所、政府和协会的代表。SPRING还指定了这些标准委员会相应的管理部门，即新加坡资讯通信管理局、新加坡化学工业理事会和新加坡制造商联合会，负责开展和推进各自领域内的标准化工作。

新加坡在采用世界先进标准、推进标准化进程方面成效显著，国际标准采标率达80%以上。其水平较高的标准领域包括石化、水处理、电子、食品质量安全和工程建筑领域等。新加坡制定的国家标准多为推荐性标准，企业自愿采用。但涉及人身、动植物健康、反欺诈、环境保护等方面的标准，则制定相应法律法规，转变为技术法规，强制执行。

新加坡的国家标准分为两类：新加坡标准（SS）和技术参考（TR）。两者形式相同，都是关于材料、产品、程序或服务的要求规范。但 TR 是临时制定的过渡性文件，通常在某一产品没有可供参考的标准或难以达成统一意见时制定，文件使用期一般不超过两年，旨在通过使用积累技术经验，当技术成熟即转化为国家标准。TR 不需要通过政府公报来征求一致性意见。两年期满后，TR 被重新评估来决定是否升级为新的新加坡标准，或者继续作为 TR，或者因为不适用而被废除。TR 作为国家技术文件，可为企业及时提供技术性指导，极大提高了政府对产品质量管理的效能。

50. 泰国农食产品检验检疫政策如何？

农业是泰国传统产业，在泰国经济中占有重要地位。农产品出口是泰国外汇收入主要来源之一。泰国是世界主要的大米、橡胶、木薯、甘蔗、水产品的生产和出口大国。泰国非常重视出入境动植物检验检疫，动植物检疫相关法律及其管理部门数量众多。

一、农产品进口监管机构

（一）农业与合作部
农业与合作部是泰国农业、林业、渔业和畜牧业的主管部门，也是泰国农产品和食品质量安全最主要的管理和协调部门。主要负责农产品检验检疫的有以下四个司局：

1. 农业局。 负责农业（植物和蚕丝）的技术研究并负责其成果转换。对土壤、水源、化肥、植物、农资、植物产品、农业产出物等进行分析、检测、检验和出具证书，确保农产品的质量。

2. 渔业局。 负责管理泰国的渔业、水生动物的养殖和生产，制定水产品标准和卫生要求，按标准和卫生要求对水生动物及其产品进行分析、检测和出具证书等。

3. 畜牧局。 负责泰国畜牧业的研究、开发和管理。按照国家相关法规、标准和卫生要求对动物及其产品进行检验检疫，确保肉类食品的质量和安全；开展动物疫病监测和防控，防止人畜传染病的发生。

4. 国家农业商品和食品标准局。 负责制定农产品和食品标准。监督和控制食品安全，对农产品和食品质量认证机构的资格进行审核、颁发许可证。

（二）公共卫生部

该部门是公共医疗和卫生健康的主管部门。其下属的食品药品管理局（Food and Drug Administration）是履行其食品安全卫生管理职责的执行机构，负责加工食品在国内加工、零售、餐饮环节的监督、检验和管理。FDA的职能主要是规划和监督卫生产品质量标准，促进卫生产品质量控制以确保消费者的安全。

（三）商务部

商务部主要负责按照《进出口商品法》对进出口商品进行管理，主要采用审批和许可证管理制度。目前，分别有50种进口商品和出口商品被列入商务部的管制清单，进出口贸易需取得许可，其中包括关系国计民生的主要农食产品，如大米和糖等。

二、农产品进口技术法规标准

（一）食品法

《食品法》是泰国食品安全领域的主要法律，出台于1979年，此法赋予泰国公共卫生部主管国家食品安全的职责。公共卫生部为此成立了食品药品管理局，依法对全国的食品（主要是加工食品）实施卫生监管，确保食品健康安全。《食品法》将食品分为三大类：①监管食品，此类食品必须经过注册，产品的质量、规格、包装、标签以及生产过程均需符合强制标准要求。②标准食品，此类食品不需要注册，但其质量、标签等必须符合《卫生部公告》公布的标准要求。③其他食品，凡不在《食品法》监管食品和标准食品列表内的食品，不管是原料还是熟食品、保藏或非保藏食品、加工或非加工食品，均视为一般食品，不需要注册，但其卫生和安全、标签和广告须受到监管。

（二）食品添加剂相关法规

《食品添加剂限量法规（2020）》是目前泰国现行的食品添加剂进出口检验检疫法规。如果食品添加剂在2020年10月10日之前已获得批准，则制造商或先前批准的食品添加剂进口商自新通知生效之日起两年内遵守新规定。

(三)农药残留相关法规

制定食品中允许的残留限量，并对农业与合作部公告中正式禁止的农业有毒物质设定了零容忍水平。《农药残留：最大残留限量》规定了食品中毒死蜱等 52 种农药的最大残留限量、716 条限量指标，规定的食品类别包括新鲜水果（如葡萄、苹果、樱桃、橙子和草莓）、新鲜蔬菜（如马铃薯）、鲜肉、牛奶、豆类和香料等。

(四)重金属及化学污染物相关法规

泰国公共卫生部《食品中污染物标准》对污染物定义如下：食品污染物是非故意地但产生于生产过程、生产方法、生产工厂或场所，在贮存、运输、保存或环境中污染了包括来源于昆虫、动物或其他外来物质的颗粒。食品中污染物最大允许限量在《污染法规》中规定。

(五)微生物相关法规

关于《致病菌的食品标准》中列出的 43 种产品，进口商必须在食品注册过程中提供实验室分析报告，以确保进口产品不含致病菌或存在不超过最大规定限值的致病菌。

三、农产品进出口检验检疫措施体系

(一)泰国农产品进口程序

1. 提交进口报关单。 递交纸质报关单或通过线上（EDI）提交。

2. 准备随附单证和文件。 根据泰国海关署公告，进口商需提交以下单证：①海运或空运提单；②发票副本 3 份；③装箱清单；④投保发票；⑤放行表；⑥外汇交易申报书（进口金额超过 50 万泰铢时需要提供）；⑦进口许可证（需要时提供）；⑧原产地证（需要时提供）；⑨其他单证，如目录、产品规格等。

3. 审单。 报关单和随附单证提交给泰国入境口岸海关后，如系纸质报关单，或 EDI 系统出现红色提示，海关将审核报关单填制是否符合规范、随附单证是否齐全、适用何种税率，并进行估价。

4. 缴纳税款。

5. 查验、放行。 进口商在存放货物的仓库提交经过审核确认的报关单和纳税收据，海关查验人员根据报关单信息查验核对货物。如单货一致，海关查验人员将查验结果录入计算机系统，货物放行，进口商提取货物。纸质申报货物由泰海关署随机抽查，有事先设定的抽查率。EDI申报货物根据风险分析提示决定是否查验。

（二）泰国农产品检验检疫措施

2021年，中泰农产品贸易总额165.8亿美元，自泰国进口农产品119.3亿美元，向泰国出口农产品46.5亿美元，贸易逆差明显。其中，主要自泰国进口榴梿、木薯和龙眼等；主要向泰国出口温带水果、水产品等。

1. 泰国水果产品进口检验检疫要求。 温带水果是中国向泰国主要的出口产品之一。泰国对水果检验检疫要求较严。禁止含有以下生物的水果入镜：橘大实蝇、蜜柑大实蝇、番石榴实蝇，或泰国法律法规规定的检疫性有害生物，以及新发生的可能对泰国水果和其他作物生产造成负面经济影响的其他有害生物。如柑橘来自橘大实蝇、蜜柑大实蝇或番石榴实蝇发生地区，则须由出口方进行有效的除害处理。每个包装箱上须用英文或泰文标出果园、包装厂和出口商以及"输往泰王国"的字样信息，并加贴由农业与合作部（MOAC）和海关认可的检疫标签。

2. 动物产品入境检验检疫要求。 动物产品至少在入境前15天得到进境口岸检疫许可。入境许可证及检疫要求由泰国农业与合作部畜牧发展局局长签发，并仅当携带由出口国官方检疫兽医官出具的动物健康证书（证明符合进口国要求并有官方印章）时，入境许可证方才有效。所有入境动物在到达入境口岸时，在船上或着陆地必须接受卫生检查，检疫合格后方可入境。按照检疫要求，着陆后动物需经隔离检疫，其间货主应支付全部费用。如不符合入境检疫程序要求，入境动物将作退回或扑杀处理。

3. 植物产品进境检验检疫要求。 根据泰国植物检疫法，进口植物及植物产品分为禁止输入、限制输入及无输入限制三类。禁止输入植物及植物产品清单中所列产品依规定不得进口，唯经泰国农业与合作部农业厅事先核准且用于研究及实验目的项目除外。禁止进口物料的规定：①必须通过曼谷国际机场、曼谷海港和曼谷邮政总局植物检疫站进口；②必须携带出口国有关政府机构出具的植物检疫证明；③植物检疫证明书应根据农业与合作部规定的条件，声明货物没有植物检疫性病虫害。限制输入植物及植物产品表中所列产品必须按照泰国植物检疫办公室规定的条件办理方可入境。但同时需持有输出国政府机构出具的植物检验检疫证书以及限制材料进口时（特别是用于繁殖的植物）必须经过彻底检查。除被归类为禁止和限制材料的植物外，均为非禁止植物材料。进口不需要许可和植物检疫证书。但是，进口的违禁品必须在入境口岸报检。

四、泰国食品认证制度

泰国农业与合作部下属的国家农产品和食品标准局负责制定农产品和食品的标准，卫生部负责制定加工食品的标准。

泰国国家农产品和食品标准局（ACFS）成立于 2002 年，是监管和认证农产品和食品标准制定发布的主要机构，其标准制定主要包含 8 个步骤：①标准选题；②指定一个技术委员会承担草案制定；③制定标准草案；④提请委员会审议；⑤听取有关各方的意见；⑥提交 ACFS 委员会；⑦通报世界贸易组织（WTO）；⑧提交皇家宪报。其中最重要的是第 3 步制定标准草案，要求对农产品进行研究数据的收集，这些数据主要来源于相关机构，如农业部、渔业部、畜牧发展部等。如数据不足，ACFS 会通过发起研究获取所需基础数据。

泰国实行强制认证和自愿认证相结合的泰国工业标准学会（TISI）认证制度。对于符合标准的产品，允许使用 TISI 标志。泰国政府要求实行强制性认证的产品有 60 个大类，涉及包含农产品在内的共 8 个领域。泰国的认证机构分政府组织和非政府组织 2 类，主要开展各类产品标志以及绿色标签的认证活动、对无标准的产品实行产品注册、开展质量体系认证（ISO）及 HACCP 认证、人员培训与注册工作和实验室认可等。农产品的强制性认证由泰国农业部负责，非强制性认证可由其他非政府组织负责，如有机农业产品认证由泰国有机农业认证组织（ACT）负责推行。

51. 越南农食产品检验检疫政策如何？

越南位于东南亚中南半岛东部，国土面积约 33 万平方公里，国土狭长，海岸线长 3 260 多公里。越南是以农业经济为主的发展中国家。

一、农产品进口监管机构

越南负责农食产品进口监管的机构主要包括农业与农村发展部、工业和贸易部、卫生部、科学技术部和海关总局。大多数加工产品由卫生部及工业和贸易部（以下简称"工贸部"）管辖，肉类和家禽、大宗商品、乳制品、新鲜水果和坚果仅由农业与农村发展部管辖。

（一）农业与农村发展部

农业与农村发展部是越南农、林、牧、渔业主管部门。主要负责其主管领域内涉及农食产品安全的政策、重大规划、技术法规的制定、发布和实施。

农业与农村发展部的动物卫生司（Department of Animal Health，DAH）负责企业肉类、禽类、水产类出口商的企业出口资格注册，及进口动物源性食品的检疫和食品安全检验；植物保护司（Plant Protection Department，PPD）负责植物来源产品的进口检疫；渔业局（Directorate of Fisheries，DFISH）负责水体水生动物相关评估及进口许可；国家农林渔业质量管理局（National Agro‐Forestry‐Fisheries Quality Assurance Department，NAFIQAD）和畜牧局（Department of Livestock Production，DLP）参与部分水产品、植物及植物产品的质量监管工作。农业与农村发展部下设国家卫生与动植物检疫咨询办公室（SPS），是越南 SPS 国家咨询点。

（二）工业和贸易部

工贸部是越南主管贸易的部门，设有 36 个司局和研究院，负责全国工业生产、国内贸易、对外贸易、WTO 事务、自由贸易区谈判等，在各驻外使领馆和多边经贸组织派驻代表。工贸部负责其主管领域内涉及食品安全的政策、重大规划、技术法规等的制定、发布和实施，具体包括酒、饮料、牛奶、菜籽油、制作面粉和淀粉用的原料级产品以及国家规定的其他食品在生产、收购、宰杀、加工、贮藏、运输、出口、进口及交易中的食品安全管理。同时工贸部还负责预防和打击农药及受检疫产品的走私、假冒和贸易欺诈等违法行为。

（三）卫生部

卫生部负责越南国家食品安全方针政策及重大规划的制定、发布和实施。卫生部负责其主管领域内涉及食品、制作工具、食品包装材料安全标准和限量要求的法规发布，具体包括食品添加剂、食品加工辅助材料、瓶装水、功能食品以及国家规定的其他食品在生产、加工、储藏、运输、出口、进口及交易中的食品安全管理。卫生部下设食品管理局（Vietnam Food Administration，VFA），负责对进口食品（加工食品）、食品供应链中分销环节的食品、国内市场上销售的食品进行卫生、安全监督管理和检验签证。

（四）科学技术部

越南科学技术部主要负责规划和决定动植物保护和检疫领域的科学研究和技术开发，下设越南标准和质量局（Vietnam Directorate for Standards and Quality，STAMEQ），负责制定与动植物保护及检验检疫相关的标准和技术条例，越南标准和质量局同时设立越南认证中心（QUACERT）。

（五）海关总局

海关总局隶属于越南财政部，内设监督管理、关税征收等 11 个部门，主要负责海关查验及监管、进出口关税等税费征收管理、贸易信息统计分析、进出口货品检验及风险管理。

二、农产品进口技术法规标准

越南关于农产品进口的检验检疫法规主要包括：《贸易法》《海关法》《反倾销法》《反补贴法》《食品安全法》《产品和商品质量法》《动物卫生法》《植物保护和检疫法》《渔业法》《标准与技术法规法》《计量法》《保护消费者权益条例》《动物饲料管理指南》等。

其中《食品安全法》作为越南农食产品监管的基本法律，不仅详细规定食品生产和贸易过程中的安全问题，还明确了监管部门和其他部门的主要职责，涵盖了食品安全从种养殖到餐桌的监督管理全过程。《动物卫生法》《植物保护和检疫法》则是关于对进出口和越南国内不同地区调运动植物及动植物产品进行检疫和处理的法律法规。

此外，越南还制定了其他法规，如越南政府 2018 年发布的第 15/2018 号法令对《食品安全法》的实施方法进行了详细阐述，列明了卫生部、农业与农村发展部和工贸部管辖的农食产品清单，简化了三部门进口检验方法。

三、越南农食产品进口检验检疫所涉内容

《食品安全法》规定除不受进口检验限制的产品外，其他所有"进口

农食产品、食品添加剂、食品加工过程中使用的物质、用于进口农食产品容器和包装的工具及材料"都须接受进口检验。其规定了越南国内的三类农食产品检验方式，即严格检验、正常检验和简化验检。2018年的第15/2018号法令中减少了抽样频率，并改为通关后检验。为提高通关效率和促进贸易发展，2021年越南政府对进口商品的农食产品安全和质量检验进行改革，越南海关总局发布了一项法令草案，规范改革后的进口货物中农食产品安全和质量专业检验计划［专业检验（SI）法令］，并将自我声明（食品安全）和合格公告（质检）纳入进口检验登记。

（一）产品标签要求

《食品安全法》规定了在越南流通的所有类别的食品、饮料和农业投入的标签要求（国内生产和进口），还对预包装食品的货架期标签提出了具体要求，并对功能性食品、食品添加剂、辐照食品和基因工程食品进行了特殊规定。

（二）食品添加剂要求

越南按照食品添加剂法典通用标准（GSFA）使用食品添加剂。2019年在附录中列明了越南食品添加剂使用情况和允许使用剂量清单。此外通告允许在葡萄酒、乳制品、香料、谷物、加工肉类、酱料和鱼类中使用目前未被食品添加剂法典通用标准采用的额外添加剂。GSFA未列明的添加剂及最大限量清单在通告附录2B中列明。

（三）农药残留

越南卫生部规定了越南农食产品中农药的最大残留限量，包括205种化合物的最大残留限量（MRLs），适用于水果、蔬菜、谷物、坚果、咖啡、茶、肉类、脂肪、内脏、蛋类、牛奶及乳制品、干粮、植物油、香料等各类食品。目前在越南被禁止使用的一些化合物（例如硫丹、异狄氏剂、林丹）的最大残留限量仍按照GSFA标准执行。

（四）霉菌、重金属、微生物污染

卫生部颁布了国家技术法规（NTR），规定了对食品污染物、重金属污染及微生物污染的相关要求。

（五）兽药残留

2016年，卫生部规定了农食产品中兽药的最大残留限量，对食品中的莱克多巴胺、醋酸群勃龙和玉米赤霉醇等化合物实行零容忍。

四、不同类别产品进口检验检疫规定

(一)动物和动物产品

越南动物检疫受《动物卫生法》管辖。动物卫生司负责进口动物源性食品检疫和食品安全检查。其下设区域动物卫生办公室负责具体检验。

1. 陆生动物和动物产品。农业与农村发展部规定了陆生动物和动物产品的检验检疫流程,并修订了动物检疫管辖范围的产品名单及其 HS 编码。

2. 水生动物和动物产品。农业与农村发展部规定了水生动物和动物产品的检验检疫流程,2021 年对产品名单及其 HS 编码进行了修订,删除受检疫产品清单中的加工渔业产品,包括烟熏、盐渍、卤制、热处理产品。越南允许进口活体水生动物,但动物品种应被列入第 26/2019 号政府法令附录 8,进口商应对该产品进行登记及风险评估申报,由渔业局评估其对环境影响并签发进口许可。

(二)植物及植物产品

植物检疫受《植物保护与检疫法》管辖,植物保护司负责进口植物来源产品的进口检疫。农业与农村发展部公布了需接受植物检疫、进口前需进行虫害风险分析的产品清单和检疫性害虫清单,以及植物源进出口和过境货物检疫指导程序。

(三)免检食品

按法令规定以下产品可以免于进口检验,包括:①该产品具有产品申报注册证书;②入境旅客为满足个人或旅行需要,在抵港前后携带的手提行李内食品、免税范围内的礼品;③享有外交豁免权的个人使用的进口产品;④过境产品、暂时进口转口或存放在保税仓库内的产品;⑤供测试或研究的样本,其数量须符合上述目的,并经本人确认;⑥在展览会或博览会上展出的产品;⑦供出口或内销的进口产品或原料;⑧在免税店出售的临时进口商品;⑨根据政府或总理的命令为紧急目的服务的进口货物。

(四)微量元素和强化食品

越南规定盐、小麦粉和植物油必须含有以下微量元素:①食用盐及工业盐应添加碘;②加工小麦粉应添加铁和锌;③除用于食品加工的植物油外,含有大豆油、棕榈油、菜籽油、花生油等成分之一的植物油必须添加维生素 A。

（五）植物性肉类和奶制品替代品

植物性肉类和奶制品替代品受到《食品安全法》的监管，并根据产品的具体成分按照国家标准中对霉菌、重金属、微生物污染意见农药残留的最大限量进行限制，同时进口商必须遵守有关食品进口检验及乳制品替代品自我申报的规定。

五、农产品认证制度

（一）认证机构

越南的认证机构为越南认证中心（QUACERT），由科学技术部设立，隶属于越南标准和质量局（Vietnam Directorate for Standards and Quality，STAMEQ）。其职责主要包括产品认证、体系认证和培训等。此外，越南标准和质量局下设三个质量保证和测试中心（QUATEST）负责产品认证检测，主要有对进出口产品进行检验、产品测试和审查、产品和质量体系评定等。越南认证中心及三个质量保证和测试中心都是指定合格评定机构，可以根据强制性技术法规进行认证。

（二）认证制度

越南目前实行的认证制度有两类：一是管理体系，二是产品认证。其中管理体系包括质量管理体系（Quality Management System，QMS）、环境管理体系（Environmental Management System，EMS）、职业健康安全体系（Occupational Health and Safety Management Systems，OHSAS）、食品安全管理体系、有机产品认证和有机农业良好规范（Good Agriculture Practice，GAP）认证等。

产品认证体系包括自愿认证和强制认证。其中自愿认证适用于《产品和商品质量法》中定义的低风险产品，而高风险产品必须进行强制认证。

52. 中国农食产品检验检疫政策如何？

一、农产品进口监管机构

海关总署负责监管进口农产品检验检疫。其动植物检疫司拟定出入境动植物及其产品检验检疫的工作制度，承担出入境动植物及其产品的检验检疫、监督管理工作，按分工组织实施风险分析和紧急预防措施，承担出入境转基因生物及其产品、生物物种资源的检验检疫工作。其进出口食品安全局拟定进出口食品和检验检疫的工作制度，承担进口食品企业备案注册和进口食品的检验检疫、监督管理工作，按分工组织实施风险分析和紧急预防措施工作，依据多双边协定承担出口食品相关工作。

二、中国农产品进出口技术法规标准

中国进出口环节检验检疫主要立法是《中华人民共和国进出境动植物检疫法》，食品安全立法主要包括《中华人民共和国进出口商品检验法》《中华人民共和国食品安全法》等。同时，进出口农产品还需符合《出口食品生产企业备案管理规定》《进出口食品安全管理办法》《出境水生动物检验检疫监督管理办法》《进出口饲料和饲料添加剂检验检疫监督管理办法》《进出境非食用动物产品检验检疫监督管理办法》《出境竹木草制品检疫管理办法》《出境水果检验检疫监督管理办法》《进出境粮食检验检疫监督管理办法》《质量监督检验检疫行政许可实施办法》等部门规章。

（一）《进出境动植物检疫法》

《进出境动植物检疫法》是中国第一部进出境动植物检疫工作的法典，也是进出境动植物检疫的基本法。**实施检疫的对象包括**进出境的动植物、动植物产品和其他检疫物；装载动植物、动植物产品和其他检疫物的装载容器、包装物以及来自动植物疫区的运输工具。**进出境动植物检疫的实施部门**是国家动植物检疫机关在对外开放的口岸和进出境动植物检疫业务集中的地点设立的口岸动植物检疫机关。**进境检疫**包括检疫审批、检疫证书、防疫消毒处理、隔离检疫以及经检疫不合格的处理。**出境检疫**主要包括报检、经检疫合格或者经除害处理合格的，准予出境；检疫不合格又无有效方法作除害处理的，不准出境等。

（二）《食品安全法》

《食品安全法》规定国家出入境检验检疫部门对进出口食品安全实施监督管理。**食品进口相关规定如下**：进口的食品、食品添加剂、食品相关产品应当符合中国食品安全国家标准。进口商应当建立境外出口商、境外生产企业审核制度，重点审核规定的内容；审核不合格的，不得进口。向中国境内出口食品的境外出口商或者代理商、进口食品的进口商应当向国家出入境检验检疫部门备案。**食品出口相关规定如下**：出口食品生产企业应当保证其出口食品符合进口国（地区）的标准或者合同要求。出口食品生产企业和出口食品原料种植、养殖场应当向国家出入境检验检疫部门备案。

（三）《进出口食品安全管理办法》

海关总署于 2021 年 4 月 12 日公布了《进出口食品安全管理办法》，自 2022 年 1 月 1 日起施行。《进出口食品安全管理办法》整合吸纳了进出口肉类产品、水产品、乳品以及出口蜂蜜检验检疫监督管理办法等 5 部单项食品规章中的共性内容，其他需进一步明确的事项将以规范性文件形式发布。**对于进口食品监管**，规定进口食品应当符合中国法律法规和食品安全国家标准，中国缔结或者参加的国际条约、协定有特殊要求的，还应当符合国际条约、协定的要求；**对于进口食品境外生产企业注册管理**，规定海关总署对向中国境内出口食品的境外生产企业实施注册管理，并公布获得注册的企业名单；**对于进口食品境外出口商、代理商及进口商备案管理**，规定向中国境内出口食品的境外出口商或者代理商应当向海关总署备案；**对于进口食品合格评定活动**，规定进口食品合格评定活动包括向中国境内出口食品的境外国家（地区）食品安全管理体系评估和审查、境外生产企业注册、进出口商备案和合格保证、进境动植物检疫审批、随附合格证明检查、单证审核、现场查验、监督抽检、进口和销售记录检查以及各项的组合。

三、中国农产品进口检验检疫措施体系

（一）进口食品检验检疫流程

海关总署实施动植物源性食品农产品准入制度，输华食品必须符合准入制度要求。输华食品农产品准入流程主要包括：首先，对出口国家（地区）食品安全管理体系进行风险评估；然后，对出口国食品生产加工企业实施注册登记管理。需要实施准入要求的食品农产品主要包括肉类、乳制品、水产品、蜂产品、中药材、燕窝、肠衣、植物源性食品 8 类高风险动植物源性食品。主要流程包括：

1. 接受申请。拟出口国（地区）以书面方式向海关总署提出对华出口食品农产品正式申请。海关总署遵照 WTO《实施卫生与植物卫生措施

协定》规定的总体原则，根据出口国（地区）动植物疫情和食品安全状况，决定是否启动准入程序。如启动，会向拟出口国（地区）提交风险评估问卷。

2. 组织评估。 海关总署组织专家组对拟出口国（地区）官方提供的答卷及相关技术资料进行风险评估，形成评估报告。评估过程中，根据需要，商拟出口国（地区）同意，可派专家组进行实地考察，也可进行验证性考察，以确认相关信息和操作的真实性、一致性。

3. 磋商检验检疫要求。 根据评估结果，双方就输华食品农产品的检验检疫卫生要求进行磋商，达成一致后确定检验检疫要求（包括签署检验检疫议定书、备忘录或公告公布的检验检疫要求），确认相关证书内容和格式。

4. 企业注册。 在完成上述评估审查程序后，拟输华企业按照要求在海关总署进行注册，海关总署发布符合评估审查要求的国家或地区输华企业名单，同时拟出口国（地区）需向海关总署提供官方签证官的姓名、笔迹等信息。

5. 进口商备案和检疫许可。 中国进口商应按照有关规定，取得进口食品收货人备案资格。如进口肉类和养殖水产品等，应在签订贸易合同前，向海关申请从已准入国家（地区）的注册企业进口对应产品的《中华人民共和国进境动植物检疫许可证》。进口商进口的食品农产品应符合相关检验检疫要求。产品抵达中国口岸后，由中国海关实施检验检疫。

（二）农产品出口流程

1. 进出口货物收发货人注册登记。 进出口货物收发货人注册登记需要准备的材料包括《报关单位情况登记表》、营业执照副本复印件和《对外贸易经营者备案登记表》复印件或《外商投资企业（台港澳侨投资企业）批准证书》复印件或《外商投资企业设立（变更）备案回执》复印件。申请人需在中国国际贸易"单一窗口"标准版（https://www.singlewindow.cn/）"企业资质"子系统，或"互联网＋海关"（http：//online.customs.gov.cn/）"企业管理"子系统，填写相关信息，并向所在地海关提交申请。所在地海关对申请人提出的申请进行审核，对材料齐全、符合法定条件的，海关核发《中华人民共和国海关报关单位注册登记证书》。

2. 种植场备案。 申请人需准备出口食品原料种植场备案申请表（原件）、种植场平面图（原件）、种植场的土壤和灌溉用水的检测报告（复印件），此外还需准备与质量安全管理相关的各项制度材料，包括组织机构、农业投入品管理制度、疫情疫病监测制度、有毒有害物质控制制度、生产和追溯记录制度等（原件）、种植场负责人或者经营者身份证（复印件）、种植场常用农业化学品清单（原件）等。种植场向所在主管海关申请备案，申请人通过登录"互联网＋海关"全国一体化在线政务平台（http：//online. customs. gov. cn/）向所在地隶属海关网上提交电子申请。种植场所在地主管海关受理申请后进行文件审核，必要时实施现场审核。审核符合条件的，予以备案。

3. 出口食品生产企业备案。 出口食品生产企业需准备《出口食品生产企业备案申请表》，通过"互联网＋海关"一体化在线政务平台（http：//online. customs. gov. cn/）或中国出口食品生产企业备案管理系统（http：//qgs. customs. gov. cn：10081/efpe）申请。隶属海关对申请人提出的申请进行审核，对材料齐全、符合法定条件的，核发《出口食品生产企业备案证明》。

4. 出口申报。 生产加工企业在对其生产的产品自检合格后，出口商或者其代理人应当按照《出入境检验检疫报检规定》的要求，登录中国国际贸易"单一窗口"等电子平台向出口食品生产企业所在地海关申请，按照海关总署 2018 年 90 号公告提供单证电子化信息。

5. 出口放行。 按照布控要求，无现场查验或实验室送检指令的，直接放行；有现场查验或实验室送检指令的，海关按指令要求进行现场查验或实验室送检。结合监管、抽样检验、风险监测、现场查验等情况进行综合评定。经评定合格的，准予出口并按规定签发检验检疫证书，评定不合格的不得出口。

四、农产品认证制度

目前，中国已基本建立了与国际接轨并符合国情的农产品认证体系，按照认证对象不同，可以分为产品质量认证和质量管理体系认证。

（一）产品质量认证

产品质量认证的认证对象是特定产品，主要包括 QS 质量安全认证、无公害农产品、绿色食品、有机食品和农产品地理标志等。

QS质量安全认证是食品生产企业必须执行的强制性检验认证，国家市场监督管理总局和地方各级质量技术监督部门负责相关认证程序，认证程序包括准备材料、申请、审查和发证四个阶段，取得的食品生产许可证实行年审制度。

绿色食品、有机食品和农产品地理标志（简称绿色有机地标农产品）是农业农村系统推出的安全优质农产品公共品牌，属于自愿性认证。**绿色食品**是指优良生态环境、按照绿色食品标志生产、实行全程质量控制，并获得绿色食品标志使用权的安全优质食用农产品及相关产品。由农业农村部中国绿色食品发展中心负责审查、颁证和跟踪检查，并报农业农村部备案。**有机食品**是指有机生产和加工的供人类消费、动物食用的产品。国家认证认可监督管理委员会负责全国有机产品的统一管理、监督和综合协调工作。中绿华夏有机食品认证中心（COFCC）在中国开展相应认证业务。**农产品地理标志**是指标示农产品来源于特定地域，产品品质和相关特征主要取决于自然生态环境和历史人文因素，并以地域名称冠名的特有农产品标志。农业农村部负责全国农产品地理标志登记保护工作。农业农村部中国绿色食品发展中心负责农产品地理标志登记审查、专家评审和对外公示工作。农业农村部设立的农产品地理标志登记专家评审委员会负责专家评审。

（二）质量管理体系认证

中国农产品质量管理体系认证主要有以下几种：食品安全方面的食品安全管理体系（ISO22000：2005），在生产环节主要推广良好农业规范（GAP）产品认证，在加工环节主要推广良好生产规范（GMP）认证，以及严格执行卫生标准的危害分析与关键控制点（HACCP）体系等。

食品安全管理体系（ISO22000：2005）定义了食品安全管理体系的要求，适用于从"农场到餐桌"食品链中所有企业。中国食品安全管理体系认证特指以《食品安全管理体系食品链中各类组织的要求》为认证依据的认证制度。根据中国法律规定，从事食品安全管理体系认证机构必须经过国家认证认可监督管理委员会的批准。认证依据为"A＋B"形式，A为基本认证依据，即《食品安全管理体系食品链中各类组织的要求》；B为针对具体产品类别的专项技术要求。根据中国《食品安全管理体系认证实施规则》的要求，只有具备专项要求的产品类别，才能申请食品安全管理体系认证。当前，最新专项技术规范目录共有 29 项，包括肉及肉制品、水产品、果汁和蔬菜汁类、谷物加工、饲料加工、饮料、坚果、果蔬制品等。

GAP 认证是一套主要针对初级农产品生产的操作规范，强调从源头抓起解决农产品、食品安全问题，主要涉及作物种植、畜禽养殖、水产养殖等农业领域。按照级别从高到低，GAP 认证分为一级认证和二级认证。认证程序一般包括申请、评估检查、复合型判定、认证级别四个阶段。所有农业生产者可以向经国家认证认可监督管理委员会批准的良好农业规范认证机构申请认证。具体可查看《良好农业规范》《良好农业规范认证产品目录》《良好农业规范认证实施规则》和《良好农业规范认证获证企业名录》等。

GMP 认证是为保证食品质量安全而制定的贯穿于食品生产安全过程的系列方法、技术要求和监控措施，是政府强制实施的有关食品生产、加工、储藏、运输和销售的卫生规范。GMP 认证证书有效期为 3 年，证书有效期满前 3 个月，获证组织可申请再认证，具体可查看《食品生产经营企业良好规范认证实施规则》《乳制品生产良好生产规范认证实施规则》等。

HACCP 体系是被国际食品行业广泛认可的一种有效的控制食品安全危害的预防性质量管理体系，将食品安全危害降低至可接受的水平。HACCP 体系包括危害分析（Hazard Analyze）、关键控制点（Critical Control Point）和验证（Verification）三部分内容，适用于包括初级生产、食品制造、农副食品加工、食品接触器具及食品包装材料的制造等。国家认证认可监督管理委员会负责全国 HACCP 管理体系认证认可工作的统一管理、监督和综合协调。获得其认可的机构如中国质量认证中心可以实施 HACCP 体系认证工作。中国的 HACCP 体系（CHINA—HACCP）认证通过全球食品安全倡议组织（GFSI）的互认，获得认证的企业可在GFSI 组织内免于国外审核。

四、服务贸易和投资

53. RCEP 项下跨境服务贸易总体开放情况如何?

澳大利亚、日本、韩国、文莱、印度尼西亚、马来西亚、新加坡等 7 个成员国采用负面清单方式承诺,中国等其余 8 个成员国采用正面清单承诺,并承诺将于协定生效后 6 年内转化为负面清单。就开放水平而言,15 方均作出了高于各自"10+1"自贸协定水平的开放承诺。中方服务贸易开放承诺达到了截至 RCEP 签署时已有自贸协定的最高水平,承诺服务部门数量在中国入世承诺约 100 个部门的基础上,新增了研发、管理咨询、制造业相关服务、空运等 22 个部门,并提高了金融、法律、建筑、海运等 37 个部门的承诺水平。其他成员国在中方重点关注的建筑、医疗、房地产、金融、运输等服务部门都作出了高水平的开放承诺。

54. RCEP 对自然人移动有何规定?

15 方承诺对于 RCEP 区域内各成员国的投资者、公司内部流动人员、合同服务提供者、随行配偶及家属等各类人员,在符合条件的情况下,可获得一定居留期限,享受签证便利,并可开展各种贸易投资活动。与以往协定相比,RCEP 将承诺适用范围扩展至服务提供者以外的投资者、随行配偶及家属等协定下所有可能跨境流动的自然人类别,总体水平基本均超过各成员国在现有自贸协定缔约实践中的承诺水平。

55. RCEP 投资自由化开放情况如何?

RCEP 生效将区域内原有的双边投资协定有机整合,各国投资开放水平高于原有投资协定,投资保护、投资促进、投资准入和投资自由化便利化等措施得以实施。15 个成员国均采用负面清单方式对制造业、农业、林业、渔业、采矿业等 5 个非服务业领域投资作出较高水平开放承诺,大大提高了各方政策透明度。其中,各方在制造业领域的开放程度总体较高,农业、林业、渔业、采矿业也在满足限制性条件的情况下开放了一定的市场准入,有效提升了投资政策透明度,降低了在相关成员国投资的交易成本，能够促进区域内的投资合作进一步深化。其中，中国投资负面清单是中国首次在自贸协定项下以负面清单形式对投资领域进行承诺，反映了国内改革最新进展，也对完善国内准入前国民待遇加负面清单外商投资管理制度，锁定国内压缩外商投资负面清单改革成果，实现扩大外商投资市场准入具有重要意义。

56. RCEP 在投资保护方面有何规定？

RCEP 投资保护项下有转移、特殊手续和信息披露、损失的补偿和代位等相关条款。具体而言，转移是对投资、收入、利润和清算资产等的自由转移，为投资提供财务便利。特殊手续和信息披露指不得将未实质性损害投资保护的手续解释为特殊手续，并且条款规定使外国投资者的保密信息受到保护。损失补偿条款要求给予外国投资者的待遇不低于缔约方在类似情形下给予本国投资者的待遇；代位指各缔约方应承认涵盖该投资的任何权利或诉请的代位或转让。

57. RCEP 在投资促进方面有何规定？

RCEP 鼓励各缔约方通过以下方式努力促进本地投资：
（一）鼓励缔约方间的投资；
（二）在两个或多个缔约方之间组织联合投资促进活动；
（二）促进商业配对活动；
（四）组织和支持举办与投资机会、投资法律法规及政策等相关的宣介会和研讨会；
（五）围绕与投资促进有关问题开展信息交流。

58. RCEP 在投资便利化方面有何规定？

RCEP 第十章第十七条是有关投资便利化的规定，主要有投资环境、投资申请及批准程序、投资信息的传播、投资服务四个方面。
一、在遵守当地法律法规的前提下，每一缔约方应当通过以下方式，便利缔约方之间的投资：

（一）为各种形式的投资创造必要的环境；

（二）简化其投资申请及批准程序；

（三）促进投资信息的传播，包括投资规则、法律、法规、政策和程序；

（四）设立或维持联络点、一站式投资中心、联络中心或其他实体，向投资者提供咨询等服务，包括提供经营执照和许可证等便利。

二、在遵循当地法律法规的前提下，缔约方应尽可能帮助其他缔约方的投资者解决在其投资活动中产生的投诉或问题：

（一）接收并尽可能适当考虑投资者提出的、与影响其涵盖投资的政府行为有关的投诉；

（二）在可能的范围内提供帮助，以解决投资者在与涵盖投资相关的方面遇到的困难。

三、在遵守当地法律法规的前提下，每一缔约方可以考虑建立机制，以解决另一缔约方投资者在投资活动中存在的问题。

四、缔约方应当努力便利其各自主管机关之间举行会议，通过交流信息和方法，更好地便利投资。

59. RCEP 项下澳大利亚农业服务贸易和投资如何开放？

澳大利亚在服务贸易和投资领域采用负面清单方式承诺，将服务贸易和投资领域合并在一起，体现在协定附件三的服务与投资保留及不符措施承诺表中。所谓负面清单方式承诺，即澳大利亚仅列出"例外清单"明确不履行开放义务的部门或措施，其他未列出领域则被默认为向外国投资者和服务提供者全部开放。

从清单结构上看，澳大利亚的负面清单包括附件 A（List A）和附件 B（List B）两个清单。列入附件 A 的是现存的不符措施。这些措施在过渡期内适用冻结规则，过渡期满适用棘轮规则。冻结规则是指成员国在协定对其生效后，对现存不符措施的修改不能低于 RCEP 负面清单承诺水平。棘轮规则是指成员国在协定对其生效后，对现存不符措施的任何修改，只能比修改前减少对外资的限制，而不能降低修改前外资已享受的待遇。对于一些敏感领域则列入附件 B，保留必要的政策调整空间，澳方今后可以在这些领域采取对外资更具限制性的加严措施。其他各个 RCEP 成员国清单结构均如此。

与此前签署的中国—澳大利亚自贸协定相比，澳大利亚在 RCEP 服务和投资保留及不符措施承诺表附件 A 中列出的现行不符措施从 35 项减少至 19 项，与涉农服务投资有关的措施主要包括以下。

第一条对所有部门。以下投资须经澳大利亚政府批准，并可能需向政府通报：外国人对价值超过 2.75 亿澳元的实体或企业的拟议投资；外国政府拟议直接投资，无论价值多少；外国人对媒体部门的拟议投资占比达到或超过 5％，无论价值多少；外国人对价值超过 2.75 亿澳元已开发商业用地的拟议收购，该土地符合 6 000 万澳元的较低开发商业用地门槛的除外。

第八条捕鱼及与捕鱼有关的服务。在澳大利亚渔业捕捞区从事捕鱼活动的外国渔船（包括渔业捕捞、鱼类加工和运输等）须获得授权。获得批准后澳大利亚政府可依法向其征收税款。

澳大利亚在 RCEP 服务和投资保留及不符措施承诺表附件 B 中列出的现行不符措施共 23 项，澳大利亚可对相关行业维持现有措施甚至采取新的或更具限制性的措施。对涉农服务投资进行限制的主要包括以下。

第二条对所有部门。澳大利亚有权对以下活动采取或维持任何措施：外国投资者单独或与关联公司一起购买澳大利亚农业用地累计价值超过 1 500 万澳元（包括拟议收购）；外国投资者单独或与关联公司在澳大利亚农业企业中所持股份的累计价值超过 6 000 万澳元。

第九条分销服务。澳大利亚有权对烟草产品、酒精饮料或枪支的批发和零售贸易服务采取或维持任何措施。

第十五条农业。澳大利亚有权根据市场委员会或相关安排对外国投资者从事农业活动采取或维持任何措施。

60. RCEP 项下日本农业服务贸易和投资如何开放？

日本在服务贸易和投资领域采用负面清单方式承诺，将服务贸易和投资领域合并在一起，体现在协定附件三的服务与投资保留及不符措施承诺表中。所谓负面清单方式承诺，即日本仅列出"例外清单"明确不履行开放义务的部门或措施，其他未列出领域则被默认为向外国投资者和服务提供者全部开放。

在日本RCEP服务和投资保留及不符措施承诺表附件A中列出的日本现行不符措施共57项，与涉农服务投资有关的措施主要包括以下。

第一条农林渔业及相关服务。外国投资者在日本从事农业、林业、渔业及相关服务须符合《外汇和外贸法》规定的审查程序；相关部门将以是否影响经济平稳运行为目标对投资进行筛选，根据筛选结果要求投资活动作出调整或终止。

第三条商业服务。为日本企业提供以下服务的人员须在日本设立机构，并获得主管部门许可或向主管部门提交情况说明：私人就业服务（包括有偿为建筑工人和海员提供就业服务）、工人劳务派遣服务（包括装卸工、海员和建筑工人等派遣服务）。

第六条分销服务。为维持日本国内酒类供需平衡、确保酒类税收，日本可能限制与酒精饮料相关的批发贸易、零售和佣金代理等服务领域的外国服务供应商许可证发放数量。

第十七条与船舶国籍有关的事项。国籍要求适用于从事国际海运服务的外资企业，须成立注册公司经营悬挂日本国旗的船队。船舶须由日本公民或根据日本法律法规成立的公司拥有，该公司的所有销售代表和不少于三分之二的高级管理人员应为日本公民。

第五十六条牲畜批发和零售贸易。仅日本公民可从事牲畜贸易，并须由对居住地拥有管辖权的县长发放许可证。

在日本RCEP服务和投资保留及不符措施承诺表附件B中列出的日本现行不符措施共24项，日本可对相关行业维持现有措施甚至采取新的或更具限制性的措施。对涉农服务投资进行限制的主要包括以下。

第二条对所有部门（烟草）。日本有权采取或维持与烟草产品制造相关服务的任何措施。

第四条对所有部门（渔业和海事）。日本有权在渔业和海事相关领域对多双边协定项下给予各国差别待遇采取或维持任何措施。

第十二条渔业和渔业附带服务。日本有权对外国投资者在日本领海、内陆水域、专属经济区和大陆架区域从事的渔业投资和服务采取或维持任何措施。

第十四条土地交易。日本可能会对外国投资者购买或租赁土地财产的活动实施禁令或限制。

61. RCEP 项下韩国农业服务贸易和投资如何开放？

韩国在服务贸易和投资领域采用负面清单方式承诺，将服务贸易和投资领域合并在一起，体现在协定附件三的服务与投资保留及不符措施承诺表中。所谓负面清单方式承诺，即韩国仅列出"例外清单"明确不履行开放义务的部门或措施，其他未列出领域则被默认为向外国投资者和服务提供者全部开放。

在韩国 RCEP 服务和投资保留及不符措施承诺表附件 A 中列出的韩国现行不符措施共 37 项，与涉农服务投资有关的措施主要包括以下。

第二条施工机械和设备（如农用机械等）租赁、保养、维修、销售、处理等服务。 外国服务供应商须在韩国设立办事处。

第四条烟酒批发和零售分销服务。 提供烟草批发（包括进口）或零售分销的服务商须在韩国设立办事处，仅指定零售商可出售烟草；不允许通过电商平台或邮寄方式出售烟草；各个烟草零售商营业地之间距离须超过 50 米。提供酒类批发分销服务者必须在韩国设立办事处，且须获得税务主管部门批准；不允许通过电商平台或邮寄方式出售酒类。

第五条农业和畜牧业投资。 外国投资者不得投资水稻、大麦种植企业，也不得持有肉牛养殖企业 50% 或以上股份。

第七条批发和零售分销服务。 要求药品、医疗器械或功能性食品（包括膳食补充剂）的批发贸易服务供应商须在韩国设立办事处，才能获得进口营业执照；提供运输、销售和保存食品及食品添加剂、粮食供应服务、食物检验服务须在韩国设立办事处。

第十七条科学研究服务和海域地图制作服务。 外国投资者、外国政府或由外国人拥有或控制的韩国企业，如计划在韩国领海或专属经济区进行海洋科学研究，须事先获得海洋和渔业部部长的授权或同意。

第二十四条就业安置、劳工供应、劳工派遣和海员教育服务。 有偿提供就业安置服务、劳工供应服务或劳工派遣（借调）的外国服务供应商须在韩国设立办事处。工人可借调的企业仅限于总统令中规定的32家企业（截至2020年1月16日）；根据自由经济区委员会的规定，就业和劳工部部长可以扩大企业目录和借调期限。仅以下组织或机构可提供航海劳工供应服务，且服务者须属于《韩国商业法》规定的公司，并根据《海上运输法》进行注册：韩国海员福利和就业中心、海洋和渔业部长区域办事处、海员管理公司经营者、《海员法》规定的与海洋事务和渔业有关的组织或机构。韩国海洋和渔业技术研究所可以为海员提供教育和培训。

第三十五条农产品和畜产品分销服务和投资。外国投资者不得持有从事肉类批发企业50%或以上的股份；只有《农协法》和《农水产品流通及价格稳定法实施令》中规定的生产者团体才能设立和经营畜产品和水产品批发市场。

在韩国RCEP服务和投资保留及不符措施承诺表附件B中列出的韩国现行不符措施共50项，韩国可对相关行业维持现有措施甚至采取新的或更具限制性的措施。对涉农服务投资进行限制的主要包括以下。

第七条土地收购。韩国有权对外国投资者征用农田采取或维持任何措施。

第十三条对所有部门。韩国有权采取或维持与在现行或以后签订的多双边国际协定中给予不同国家差别待遇有关的任何措施，包括航空、渔业、海事、铁路运输、电信等部门。

第十八条农业原料批发和零售服务。韩国有权对外国投资者从事以下行业采取或维持任何措施：农业原料、活动物、食品、饮料的佣金代理服务；粮食、肉类、家禽、谷物粉、人参、红参、化肥的批发（包括进口）服务；大米、人参、红参零售服务。

第二十一条运输和仓储服务。韩国有权对与农业、渔业和牲畜产品有关的运输和仓储服务采取或维持任何措施。

第三十一条商业和环境服务。韩国有权对与农业原料和活动物产品检验、认证和分类有关的行业采取或维持任何措施。

第三十二条农业、狩猎、林业和渔业附带服务。韩国有权对农业、林业和畜牧业附带服务采取或维持任何措施，包括基因改良、人工授精、大米和大麦抛光以及与大米加工厂相关的活动。韩国有权对农业、林业、渔业合作社提供的农业、狩猎、林业和渔业附带服务采取或维持任何措施。

第三十三条渔业。韩国有权对韩国领海和专属经济区内的捕鱼活动采取或维持任何措施。

第四十四条兽医服务。韩国有权对外国投资者从事兽医服务采取或维持任何措施。

第四十九条酒类生产。韩国有权对酒类生产采取或维持任何措施。

62. RCEP 项下新西兰农业服务贸易和投资如何开放?

新西兰在服务贸易领域采用正面清单承诺,并将于协定生效后 6 年内转化为负面清单,体现在协定附件二的服务具体承诺表中。正面清单内列明了新西兰允许开展服务贸易的市场主体、范围和领域等方面的要求,未列入的领域不开放。新西兰在投资领域采用负面清单方式承诺,体现在协定附件三的投资保留及不符措施承诺表中。所谓负面清单方式承诺,即新西兰仅列出"例外清单"明确不履行开放义务的部门或措施,其他未列出领域则被默认为向外国投资者和服务提供者全部开放。

关于服务贸易领域。新西兰在协定附件二的服务具体承诺表中列出的具体承诺共 13 大类,与涉农服务贸易有关的承诺主要包括以下。

第一条水平承诺。外国投资者购买农业用地,不管投资额大小都须经海外投资委员会批准。

第二类商业服务(兽医服务)。新西兰对于外国投资者从事兽医服务不设限制;除非在水平承诺中有说明。

第二类商业服务(畜牧业服务)。外国投资者的投资行为只有被认为有利于新西兰产业发展时才可使用国家奶牛检测数据库,其他方面不设限制;除非在水平承诺中有说明。

关于投资领域。新西兰在协定附件三的投资保留及不符措施承诺表附件 A 中列出的现行不符措施共 7 项,与涉农投资有关的措施主要包括以下。

第二条农业及农业附带服务(乳业)。新西兰政府有权决定由另一个乳企实体管理新西兰国家奶牛检测数据库;要求从事奶牛群测试的人员将数据转移给家畜改良公司(LIC)或相关企业;建立国家奶牛检测数据库访问规则,若预期用途可能损害新西兰乳业则拒绝访问,其中可能涉及访问者的国籍或居住情况。

第五条农业及农业附带服务（乳业）。根据1953年《初级产品营销法案》，新西兰政府有权设立具有垄断销售和收购初级产品的法定销售机构，包括养蜂、种植水果、种植啤酒花、养鹿或猎鹿、硬毛山羊等相关产品。法规保留要求外资企业董事会成员或相关人员为新西兰公民或居民的权利。

新西兰在RCEP投资保留及不符措施承诺表附件B中列出的现行不符措施共27项，新西兰可对相关行业维持现有措施甚至采取新的或更具限制性的措施。对涉农投资进行限制的主要包括以下。

第六条对所有部门（航空、渔业和海事）。新西兰有权在本协定生效日期前生效或签署的多双边国际协定下，采取或维持对缔约方或非缔约方给予差别待遇的任何措施。本条主要涉及航空、渔业和海事相关事项。

第八条对所有部门。新西兰有权对外国投资者从事以下行业维持或采取关于国籍或居住情况的任何措施：动物福利；动物饲料、食品标准、生物安全、生物多样性或货物的动植物健康状况证明等与保护动植物以及人类的生命安全有关的领域。

第十一条研究与开发。新西兰有权对外国投资者从事以下行业采取或维持任何措施：由国家资助的高等教育机构或官方研究机构提供的研发服务；物理科学、化学、生物、农业科学、医学、制药和其他自然科学的研究和实验开发服务。

第十三条渔业、水产养殖和有关服务。新西兰有权根据《联合国海洋法公约》的规定对外国捕鱼活动进行控制，包括捕鱼登陆、海上加工鱼类的水产品首次登陆以及进入新西兰港口等。

第十九条农业及农业附带服务（乳业）。新西兰有权对外国投资者以下活动采取或维持任何措施：《2001年乳业重组法》（DIRA）授权的企业合并或其相关分支机构产生的乳企股份持有和资产处置。

第二十条农业及农业附带服务（猕猴桃）。新西兰有权采取或维持任何措施，将新鲜猕猴桃出口至澳大利亚以外的其他市场。

第二十一条农业及农业附带服务（配额发放）。新西兰有权在以下领域采取或维持任何措施：一是明确政府批准的配额分配计划实施的具体条款和操作条件，确保涉农条款所涵盖的出口产品能够分配到特定的关税配额和国别优惠，或其他优惠待遇；二是根据分配方案将配额分配到批发贸易服务供应商。

第二十二条农业及农业附带服务（出口营销）。新西兰有权对以下行业采取或维持任何措施，以保障其强制性营销计划（又称"出口营销策略"）的制定和实施：农业、养蜂、园艺、培植和动物饲养等领域的强制性营销计划（出口营销策略）。

63. RCEP 项下文莱涉农服务和投资领域如何开放？

文莱在服务贸易和投资领域采用负面清单方式承诺，将服务贸易和投资领域合并在一起，体现在协定附件三的服务与投资保留及不符措施承诺表中。所谓负面清单方式承诺，即文莱仅列出"例外清单"明确不履行开放义务的部门或措施，其他未列出领域则被默认为向外国投资者和服务提供者全部开放。

在文莱 RCEP 服务和投资保留及不符措施承诺表附件 A 中列出的文莱现行不符措施共 40 项，与涉农服务投资有关的措施主要包括以下。

第一条对所有部门。外国投资者不允许在文莱成立独资企业或合作社；仅企业名称注册获得相关部门的书面批准后，外国投资者才允许成立合伙制企业；仅两位董事会成员中的一位成员（如董事会成员多于两位，则其中须至少有两位成员）常年居住在文莱境内时，外国投资者被允许担任文莱企业的董事会成员。

第四条农业和农业附带服务。在文莱政府部门监管场地从事农业和农业附带服务的外国投资者须持有本地股权，且须满足以下条件之一：购买、使用文莱本国生产的商品，或从当地供应商处购买商品；商品中包含的本国原材料含量须达到规定水平。

第五条渔业及渔业附带服务。在文莱政府部门监管水域或地点从事渔业和渔业附带服务的外国投资者须持有本地股权，且须购买、使用文莱本国生产的商品，或从当地供应商处购买商品。

第六条林业和林业附带服务。仅与文莱公民或企业合办的合资企业，且其中外国投资者占股不得超过 70% 时，外国投资者才允许设立企业从事与林业有关的活动或林业附带服务。伐木和锯木业活动除外。

第十条兽医服务。仅通过建立合伙企业或合资公司且外资占股不超过51％时，外国投资者才允许在文莱提供兽医服务。

在文莱 RCEP 服务和投资保留及不符措施承诺表附件 B 中列出的文莱现行不符措施共 61 项，文莱可对相关行业维持现有措施甚至采取新的或更具限制性的措施。与涉农服务投资有关的主要包括以下。

第二条对所有部门（土地收购和使用）。文莱有权采取或维持与土地收购和使用有关的任何措施，包括土地所有和租赁、外国投资者持有文莱土地的条件及与土地有关的自然资源的使用。文莱有权在国有和私有土地上采取或维持任何影响土地细分和整合、土地使用、土地规划、土方工程和建筑应用有关的措施。

第三条对所有部门（渔业领域）。文莱有权在现行或以后签订的任何双边或多边协定中，给予不同国家差别待遇措施，包括航空服务、海运和港口服务、渔业等。

第七条渔业及渔业附带服务。文莱有权对其领土及其专属经济区内的所有渔业活动采取或维持任何措施。

第三十九条海运服务。文莱有权对从事以下海上运输服务的外国商业存在采取或维持任何措施：船舶租赁、船舶维护及维修、海事代理、海运辅助服务、海运配套服务。

第五十四条批发贸易和零售贸易服务领域。文莱有权采取或维持与烟草产品批发零售贸易服务供应相关的任何措施。

第五十五条商品展销会和展览组织服务。文莱有权采取或维持与商品展销会和展览组织服务有关的任何措施。

64. RCEP 项下柬埔寨涉农服务和投资领域如何开放？

柬埔寨在服务贸易领域采用正面清单方式承诺，并承诺将于协定生效后 6 年内转化为负面清单，体现在协定附件二的服务具体承诺表中。在服务贸易清单中柬埔寨政府列明允许的市场准入主体、范围、领域等，外资只能在清单范围内享有准入待遇。在投资领域则采用负面清单方式承诺，即仅对投资行为列出"例外清单"明确不履行开放义务的部门或措施，其他未列出领域则被默认为向外国投资者和服务提供者全部开放。

关于服务贸易领域。在附件二柬埔寨服务具体承诺表中列出的现行开放行业中共涉及 11 个领域，与涉农服务贸易相关的措施主要包括以下。

第一条水平承诺（对所有部门生效）。 非柬埔寨自然人和法人可以租赁但不得拥有土地。

第四条分销服务。 柬埔寨对外国投资者开放食品和非食品零售服务，但不包括药品、医疗及骨科用品销售。

关于投资领域。柬埔寨在投资保留及不符措施承诺表附件 A 中列出的柬埔寨现行不符措施共 10 项，与涉农服务投资有关的措施主要包括以下。

第二条对所有部门（雇佣政策）。 具体指在外商投资者雇用工人时须优先考虑柬埔寨公民，且有义务将柬埔寨员工提升至高级管理层。企业允许雇用的外国人比例不得超过柬埔寨雇员总数的 10%，其中包括办公室职员（3%）、技术工人（6%）和非技术工人（1%）这三类。国民待遇、履行要求禁止、高级管理层和董事会不适用本雇佣政策。

第五条使用化学物质生产有毒化学品、农药、杀虫剂及其他产品。 禁止所有投资者使用国际法规或世界卫生组织禁止的化学物质生产其他产品。禁止生产、加工和注册已列入柬埔寨禁用农药清单的农药。禁止出现以下情况的农药生产、加工和注册：申请书所附信息资料不真实；农药有剧毒或对公众健康有风险；农药是植物毒性产品，无法弥补作物产量损失；农药药效低于其宣传效果；农药中含有持续影响农作物和环境的有毒残留物。

第六条农业领域。 外国投资者只有以下两种情况之一才有权在柬埔寨从事植物育种或相关活动：拥有柬埔寨居民身份；在《保护植物新品种国际联盟公约》（修订）签署国拥有永久居留权，或在与柬埔寨就植物品种保护达成谅解备忘录的国家拥有永久居留权。

第七条渔业领域。 柬埔寨禁止外国投资者从事以下活动：禁渔期捕捞（中等规模和工业捕捞）；在渔业养护区内进行渔业活动（农林渔业部部长特别准许，并向渔业管理局提交渔业科学研究报告进行渔业实验的除外）、绕过渔业保护区航行或在渔业保护区内活动；在距离渔业保护区边界不到两公里处定居；在渔业领域内使用禁止使用的渔具进行捕捞；生产、购买、销售、运输、储存用于捕鱼的电捕器、各类蚊帐渔具、机动推网、内陆拖网渔船；2006 年《渔业法》禁止的其他活动等。此外，外国投资者不得从事小规模或家庭规模的捕鱼活动。外国投资者的渔业开发或水产养殖须获得柬埔寨政府批准，且在农林渔业部监管下进行。

柬埔寨在投资保留及不符措施承诺表附件 B 中列出的现行不符措施共 12 项，柬埔寨政府可对相关行业维持现有措施甚至采取新的或更具限制性的措施。对涉农服务投资进行限制的主要包括**第四条农业投资领域**。柬埔寨有权采取或维持与农用工业、农业配套产业、旅游业、纺织业、传统手工业等行业或其附带服务相关的任何措施。

65. RCEP 项下印度尼西亚涉农服务和投资领域如何开放？

印度尼西亚在服务贸易和投资领域采用负面清单方式承诺，体现在协定附件三中的印度尼西亚服务保留及不符措施承诺表和印度尼西亚投资保留及不符措施承诺表中。所谓负面清单方式承诺，即印度尼西亚仅列出"例外清单"明确不履行开放义务的部门或措施，其他未列出领域则被默认为向外国投资者和服务提供者全部开放。

关于服务贸易领域。印度尼西亚在附件三服务贸易保留及不符措施承诺表清单 A 列出的印度尼西亚现行不符措施共涉及 4 个领域，与涉农服务投资相关的措施主要包括**第三条海运服务**。外国服务供应商不得在印度尼西亚建立国际客运或货运海运业务，除非通过外资占股不超过 49％的合资企业。

清单 B 列出的印度尼西亚现行不符措施共 94 项，与涉农服务投资有关的措施主要包括以下。

第五条国民待遇。外国个人和企业不得拥有土地所有权，但合资企业可以拥有土地使用权和建筑权，同时可以出租土地及其财产。

第六十条其他健康服务。对于提供仅涵盖家禽等农场顾问服务的兽医服务企业，外资参股比例不得超过 51％。

关于投资领域。印度尼西亚在附件三投资保留及不符措施承诺表清单 A 中列出的印度尼西亚现行不符措施共涉及 17 个领域，与涉农服务投资相关的措施主要包括以下。

第一条对所有部门（土地收购或租赁）。印度尼西亚土地所有权仅属于印度尼西亚国民。在印度尼西亚工作的外国人或在印度尼西亚注册的外国公司可以获得土地的租赁权、使用权和建筑权。

第六条渔业。外国投资者禁止在印度尼西亚从事捕捞渔业。

第十条制造业。外国投资者禁止在印度尼西亚从事植物油和动物油、椰子、棉籽、红茶、绿茶、棕榈油、大豆加工食品、饼干、蔗糖、干烟叶等农产品加工，以及可可豆、咖啡豆等去皮、清洁、干燥、分类和片材用橡胶、浓缩乳胶加工；外国投资者禁止在印度尼西亚从事传统药物和天然提取物加工及相关产业。本条例为有条件开放投资领域，主要保留给印度尼西亚国内的微型、小型和中型企业。

第十一条农业。禁止外国投资者在印度尼西亚开展面积小于 25 公顷的水稻、玉米、大豆、棉花、甘蔗、烟草、腰果等单个作物种植；禁止外国投资者从事面积小于 25 公顷的甘蔗、烟草、棉花、腰果、椰子树、油棕榈树、茶、咖啡、可可、胡椒、丁香等种植园播种业务；禁止外国投资者从事少于或等于 125 头猪的养殖业务；禁止外国投资者从事本地土鸡的育种、养殖及杂交育种、养殖。本条例为有条件开放投资领域，主要保留给印度尼西亚国内的微型、小型和中型企业。

第十二条林业。禁止外国投资者在印度尼西亚开展肉桂、糖棕等森林植物以及野生燕窝的开发；本条例为有条件开放投资领域，主要保留给印度尼西亚国内的微型、小型和中型企业。从事天然林木产品开发、林木或植物种子的种植与贸易等的相关企业必须由印度尼西亚国内资本 100% 控股。

第十七条园艺业。禁止外国投资者在印度尼西亚开展园艺产品的发芽、栽培、收获、加工、营销、贸易、研究以及农业旅游。为园艺部门现有投资者提供 4 年过渡期进行业务调整，使其符合 2010 年第 13 号园艺法及相关规定。

印度尼西亚在附件三投资保留及不符措施承诺表清单 B 中列出的印度尼西亚现行不符措施共涉及 17 个领域，与涉农服务投资相关的措施主要包括以下。

第二条制造业。印度尼西亚对于外国投资者从事以下业务采取要求合作关系的措施：甜味和盐渍果蔬产业、酱油制造、奶粉和炼乳加工、精油加工、水稻脱壳机和手扶拖拉机等中等技术农机产业、甘蔗制糖业、渔业加工业等。印度尼西亚有权对于外国投资者从事 25 公顷或超过 25 公顷的甘蔗、烟草、棉花、腰果、椰子树、油棕榈树、茶、咖啡、可可等农作物种植采取或维持相关措施。

　　第三条农业。印度尼西亚对于外国投资者从事以下业务采取限制外资参股比例的措施：面积在 25 公顷或以上的水稻、玉米、大豆、花生、绿豆、木薯、甜食马铃薯、蘑菇、季节性水果作物、药用作物、花卉等育种或种植业务；园艺研究和质量检测、园艺农业旅游、采摘服务、花卉零售、课程服务、景观美化等；农业遗传资源研究与开发、转基因工程与研发等。对于数量超过 125 头的生猪养殖采取限制具体位置的措施。

　　第四条林业。印度尼西亚对于外国投资者从事狩猎区的狩猎业务和动植物圈养、繁殖、保护业务采取限制外资参股比例的措施。对于开发藤条、松树树液、竹子、虫胶、树胶、蜜蜂养殖、蚕茧生产等采取要求合作关系的措施。对于植物和野生动物遗传学技术开发要求遵循有关部门的具体规定。

　　第七条渔业。印度尼西亚对于外国投资者从事鱼类孵化、鱼类饲养采取要求合作关系的措施。对于种植珊瑚或观赏珊瑚礁要求遵循有关部门的具体规定。

　　第十二条制造业、农业、渔业和林业。印度尼西亚有权采取或维持任何措施应对根据相关立法宣布的粮食安全紧急情况，此措施仅在粮食安全紧急情况期间有效。

　　第十六条制造业、农业、渔业和林业。印度尼西亚保留对外国投资者从事大麻种植、农药、烈酒、葡萄酒、麦芽饮料等产业采取任何措施的权利。

66. RCEP 项下老挝涉农服务和投资领域如何开放？

　　老挝在服务贸易领域采用正面清单方式承诺，并承诺将于协定生效后 6 年内转化为负面清单，体现在协定附件二的服务具体承诺表中。在服务贸易具体承诺表中老挝政府列明允许的市场准入主体、范围、领域等，外资只能在清单范围内享有准入待遇。在投资领域则采用负面清单方式承诺，即仅对投资行为列出"例外清单"明确不履行开放义务的部门或措施，其他未列出领域则被默认为向外国投资者和服务提供者全部开放。

关于服务贸易领域。在附件二老挝服务具体承诺表中列出的现行开放行业中共涉及 11 个领域，与涉农服务贸易相关的措施主要包括以下。

水平承诺（对所有部门生效）。外国投资者不允许在老挝拥有土地，但可以拥有房产以及租用土地长达 75 年。

第四条分销服务。对外国投资者开放包括大部分农产品在内的商品批发、分销、零售服务，成品油和原油、酒精、烟草制品、大米等敏感产品不包含在内。准许授予外国投资者特许经销权但外资参股比例不得超过 49%。

关于投资领域。老挝在投资保留及不符措施承诺表附件 A 中列出的老挝现行不符措施共 10 项，与涉农服务投资有关的措施主要包括以下。

第九条渔业领域。外国个人或组织在老挝从事养殖、培育、繁殖、进口等经营性观赏渔业，须根据《投资促进法》相关规定，经有关主管部门批准方可允许。

第十条农业领域。仅对鸟粪（蝙蝠粪）业务的投资保留给国内投资者。

老挝在投资保留及不符措施承诺表附件 B 中列出的现行不符措施共 16 项，老挝政府可对相关行业维持现有措施甚至采取新的或更具限制性的措施。对涉农服务投资进行限制的主要包括以下。

第一条对所有部门（合资企业）。国内外合资企业中外国投资者出资须至少占总资本的 10%。

第三条对所有部门（外国员工）。老挝企业中从事体力劳动的外国技术工人不得超过企业工人总数的 15%，从事脑力劳动的外国专家不得超过 25%。

第六条食品加工。外国投资者设立食品加工合资企业须符合以下条件：国内投资者必须是合资企业所有者且持有合资企业执照；合资企业注册资本不得少于 10 亿老挝基普币［约为 45 亿元（人民币）下同］；外国投资者在合资企业中占股不得超过 20%。

第七条制药、医药化学品和植物制品的制造。外国投资者设立植物制品合资企业须符合以下条件：国内投资者必须是合资企业所有者且持有合资企业执照；合资企业注册资本不得少于 10 亿老挝基普币；外国投资者在合资企业中占股不得超过 49%。

第八条农业领域（土地特许经营）。 外国投资者从事政府土地特许经营的农业活动，应按照相关法律法规规定的程序，经主管部门批准后方可进行土地和项目的原始数据搜集。资料搜集完成后，投资者须获得相关主管部门的投资批准，并与老挝政府签署谅解备忘录。

第九条农业领域（农药企业）。 农药行业投资仅限于老挝公民，不对外国投资者开放。

第十条渔业领域。 老挝有权对与渔业活动相关的投资采取或维持任何措施，包括在湄公河及其支流和水库从事捕捞渔业作业。但商业水产养殖用于贸易和分销的鱼类和其他水产动物除外，应根据《投资促进法》获得批准和注册。

67. RCEP 项下马来西亚涉农服务和投资领域如何开放？

马来西亚在服务贸易和投资领域采用负面清单方式承诺，将服务和投资合并体现在协定附件三中的马来西亚服务与投资保留及不符措施承诺表中。所谓负面清单方式承诺，即马来西亚仅列出"例外清单"明确不履行开放义务的部门或措施，其他未列出领域则被默认为向外国投资者和服务提供者全部开放。

马来西亚在附件三服务和投资保留及不符措施承诺表清单 A 中列出的马来西亚现行不符措施共 20 项，与涉农服务投资相关的措施主要包括以下。

第一条企业注册。 只有马来西亚公民或永久居民可以在马来西亚注册独资企业或合伙企业。外国人可以注册有限责任合伙企业（LLP），但合规官员必须是居住在本地的马来西亚公民或者永久居民。外国人不得建立或加入合作社。

第三条渔业。 除非获得马来西亚政府的授权，否则任何外国渔船不得在马来西亚渔业水域装载或卸载任何鱼或燃料等，不得进行捕鱼或对任何渔业进行技术经济研究或水域调查。外国渔船在马来西亚渔业水域捕鱼的许可证申请应通过马来西亚代理人提出，该代理人应对船只所有活动承担法律和财务责任。

第十六条制造业。对于棕榈油加工，仅现有独立棕榈油精炼厂才允许扩建，且棕榈油须 100％来自其自有种植园。对于沙巴州和砂拉越州地区，只有新的综合项目才允许发放棕榈油生产许可证，且棕榈油须 50％以上来自其自有种植园。对于菠萝罐头加工，仅菠萝 100％来自其种植园供应的项目才会获得批准。

第二十条兽医服务。马术比赛或马术俱乐部中与马有关的兽医服务须经马来西亚兽医委员会授权进行注册和建立。

马来西亚在附件三服务和投资保留及不符措施承诺表清单 B 中列出的马来西亚现行不符措施共 50 项，与涉农服务投资相关的措施主要包括以下。

第一条土地和房地产交易。非本国公民和外国法人从事土地收购、交易或相关活动必须得到马来西亚政府相关部门的批准，且须遵守相关部门规定和要求。

第十二条制造、批发和分销服务。马来西亚有权采取或维持与以下产品的制造、批发和分销服务有关的任何措施：大米、糖、面粉、酒类及酒精饮料、烟草及香烟、生物柴油等产品。

第二十条兽医服务。除马术比赛或马术俱乐部中与马有关的兽医服务，马来西亚保留对其他所有兽医服务采取或维持任何措施的权利。

第三十七条农业投资。非本国公民和外国法人在马来西亚进行农业投资需要获得马来西亚政府相关部门的批准，并须遵守相关部门规定和要求。

第三十八条林业投资。非本国公民和外国法人在马来西亚进行林业投资需要获得马来西亚政府相关部门的批准，并须遵守相关部门规定和要求。马来西亚半岛和沙巴州地区禁止外国投资者开发和采伐木材及从事相关服务。砂拉越州地区的木材采伐企业须由当地公民或法人控股，从事相关服务的外国资本占股不得超过 30％，且相关采伐活动须遵守年度允许的采伐量。

第四十一条技术检测和分析服务。外国投资者从事作物管理方面的种植咨询和运营等农业附带服务，或从事渔业管理方面的专业咨询和运营等渔业附带服务，仅可通过马来西亚公民或马来西亚控股公司或两者综合成立的合资公司才允许实施，且马方在合资公司中至少占股 30％。对于外国投资者从事农产品原料及活体动物批发贸易服务，外国股权总额不得超过51%。

68. RCEP 项下缅甸涉农服务和投资领域如何开放？

缅甸在服务贸易领域采用正面清单承诺，并将于协定生效后 6 年内转化为负面清单，体现在协定附件二的服务具体承诺表中。正面清单内列明了缅甸允许开展服务贸易的市场主体、范围和领域等方面的要求，未列入的领域不开放。缅甸在投资领域采用负面清单方式承诺，体现在协定附件三的投资保留及不符措施承诺表中。所谓负面清单方式承诺，即缅甸仅列出"例外清单"明确不履行开放义务的部门或措施，其他未列出领域则被默认为向外国服务提供者全部开放。

关于服务贸易领域。缅甸在协定附件二的服务具体承诺表中列出的具体承诺共涉及 12 个领域，与涉农服务有关的承诺主要包括以下。

第一条商业服务（兽医服务）。 外国投资者从事兽医服务，须与缅甸公民或公司成立合资公司，且须符合现行规章制度的要求。

第一条商业服务（科研服务）。 放开对外国投资者在缅甸从事农业科学研究和实验开发服务的限制。

第五条技能培训服务。 外国投资者从事生物技术、自动化制造等生产、监管培训服务，须符合教育部相关规章制度的要求。

第十一条海运服务。 外国投资者从事船舶打捞和脱浅服务、船舶经纪服务等，与缅甸公民或企业合资的企业中外资占股不得超过 70%。

关于投资领域。缅甸在协定附件三的投资保留及不符措施承诺表附件 A 中列出的现行不符措施共 16 项，与涉农投资有关的措施主要包括以下。

第二条对所有部门（淡水捕鱼等）。 外国投资者不得在以下行业开展投资活动：淡水捕鱼及相关服务；建立进出口动物检疫站；在林区和政府管理的森林中获取林业产品等。

第三条对所有部门（国内分销等）。 外国投资者在以下行业开展投资活动时须与缅甸公民或公司合资成立合伙企业，且外资占股比例不得超过80%：建造渔港和鱼类拍卖场所；渔业相关研究；开设兽医诊所；农业用地的作物种植及其分销、出口；饼干、面条、粉丝等谷物产品的增值加工和国内分销；各种糖果加工和国内分销；乳制品除外的其他食品储存、灌装、加工和国内分销；麦芽和麦芽酒的生产和国内分销等行业。

第四条制造业。外国投资者从事以下行业须经相关部门批准：兽医生物制品生产和分销；兽药生产和分销；农业杀虫剂、肥料、激素、除草剂等产品生产、储存、分销和出口。

第五条农业。外国投资者从事以下行业须经相关部门批准：家禽育种场和孵化场；动物品种的遗传研究、遗传保护；动物品种的进口、生产和销售（包括繁殖动物、冷冻精液细管和胚胎）；动物饲料和动物产品安全实验室服务；动物疾病诊断实验室服务；动物健康研究和监测服务；种子的进口、生产、国内销售和再出口；植物新品种的进口、生产和销售；杂交种子的生产和出口；农业实验室服务；农业和农产品研究；季节性作物生产；传统草药栽培和生产；传统医学研究和实验室；珍珠养殖和生产等。

第六条渔业（投资）。外国投资者从事海洋捕鱼以及任何与渔业资源和鱼类物种有关的投资，须经相关部门批准。

第七条渔业（捕捞等）。外国投资者从事以下渔业活动须经缅甸政府批准，且与缅甸国家机构、现有合资公司或私营企业成立合资公司，在渔业部登记并获得许可证：海鱼、对虾和其他水生生物捕捞；船上加工鱼类、甲壳动物、软体动物相关服务及其他海产品开发；淡水渔业开发相关服务等。外国投资者若在缅甸专属经济区从事渔业活动，须按规定向渔业局提出申请。

第八条林业。外国投资者从事伐木、建立森林种植园、商用进口转基因生物和转基因活生物体繁殖和分销、进口野生动植物用于繁殖和生产及其海内外商用分销等，须经相关部门批准。

第十三条土地所有权。外国投资者在缅甸初次租赁土地最长期限为50年；经缅甸投资委员会批准，可以连续延期两次，每次10年。此外，缅甸政府可给予本国公民租赁和使用土地的投资行为更优惠的条款和条件。

缅甸在RCEP投资保留及不符措施承诺表附件B中列出的现行不符措施共23项，缅甸可对相关行业维持现有措施甚至采取新的或更具限制性的措施。对涉农投资进行限制的主要包括以下。

第九条对所有部门（收购或使用土地）。缅甸有权根据国内相关规定对在境内收购或使用土地等活动采取或维持任何措施。

第十七条制造业。缅甸有权对外国投资者从事以下投资活动采取或维持任何措施：烟草和烟草相关产品；制造和销售麦芽、麦芽酒和不含气产品；烈酒、酒精、酒精饮料和非酒精饮料的蒸馏、混合、精馏、装瓶和销售等。

第十八条农业。缅甸有权对外国投资者从事以下农业活动采取或维持任何措施：季节性作物生产种植、承包经营、油籽生产和出口、果园种植、珍珠提取和出口等。

第十九条渔业。缅甸有权在淡水和海洋中对从事海洋捕捞、鱼类和对虾养殖等采取或维持任何措施。

第二十条林业。缅甸有权保留对木材和柚木开采、在政府管理的林地和土地上伐木、柚木销售等投资活动采取或维持任何措施。

69. RCEP 项下菲律宾涉农服务和投资领域如何开放？

菲律宾在服务贸易领域采用正面清单承诺，并承诺将于协定生效后 6 年内转化为负面清单，体现在协定附件二的服务具体承诺表中。正面清单中列明了菲律宾允许的市场准入主体、范围、领域等，外资只能在清单范围内享有准入待遇。在投资领域则采用负面清单方式承诺，即仅对投资行为列出"例外清单"明确不履行开放义务的部门或措施，其他未列出领域则被默认为向外国投资者全部开放。

关于服务贸易领域，菲律宾在附件二服务具体承诺表中列出的现行开放行业中共涉及 12 个领域，与涉农服务贸易相关的措施主要包括以下。

水平承诺（对所有部门生效）。关于菲律宾土地的购买与租赁，菲律宾公有领域的所有土地均归国家所有。只有菲律宾公民或菲律宾公司、协会才能拥有公有土地以外的土地并通过租赁获得公有土地。外国投资者只能租赁私有土地。

第一条商业服务。对于提供农业研发服务的合资企业，最多允许51%的外资参股。

关于投资领域。菲律宾在附件三的投资保留及不符措施承诺表清单 A

中列出的菲律宾现行不符措施共涉及 11 个领域，与涉农服务投资相关的措施主要包括以下。

第一条外国资本不得投资成立合作社。

第二条菲律宾保护其群岛水域、领海和专属经济区的国家海洋财富，并规定其使用权仅对菲律宾公民开放。自然资源的小规模使用权以及合作养鱼权仅对菲律宾公民开放，优先在河流、湖泊、海湾和池塘中对维持生计的渔民和渔业工人开放。

第三条关于渔业和水产养殖，菲律宾水域内的渔业和水产资源的使用和开发仅对菲律宾公民开放。市政水域内的渔业活动仅对所属市政的渔民或被列入市政渔民登记册中的合作社或机构开放。外国船只不得在菲律宾水域内进行捕鱼作业。水产养殖权保留给菲律宾公民以及根据菲律宾法律正式成立的公司或协会，这些公司或协会中菲律宾公民占股或权益不低于 60%。

菲律宾在附件三的投资保留及不符措施承诺表清单 B 中列出的现行不符措施共涉及 16 个领域，与涉农服务投资相关的主要措施包括以下。

第一条对于所有部门。菲律宾保留采取或维持与所有权相关的任何措施的权利，与保护、勘探、开发和利用土地、水及自然资源等相关的任何措施须在菲律宾的完全控制和监督下进行。

第七条林业、伐木业和木材加工业。菲律宾保留采取或维持与森林、牧场内活动有关的任何措施的权利，以及建立、安装、新增和经营任何木材或林产品加工厂的权利，除非相关人员根据许可协定等获得正式授权，且须遵守相关条款和条件。

第八条渔业和水产养殖业。菲律宾保留采取或维持与渔业和水产养殖品种进出口有关的任何措施的权利。隶属于外国机构或受外国资金资助的菲律宾公民从事水生野生动物科学研究，须有本地机构作为研究合作方或对口机构，并由本地机构负责人出具同意书。

第十一条大米和玉米产业。外国人及全部或部分为外方所有的协会和企业，从事大米和玉米产业须符合以下条件：（1）产业迫切需要外商投资，且外资不会促进危及产业发展的垄断或公司合并；（2）外国人及外方所有的协会和企业须具备必要的财务能力和技术能力；（3）外国人及外方所有的协会和企业应提交一份菲律宾政府可接受的发展计划。就外资参股而言，60％以上股权应在30年的撤资期内转让给菲律宾公民，撤资期限从在菲律宾实际经营业务起开始。外国投资者应在其发展计划确定的期限内充分开发租赁到的水稻和玉米生产用地，但开发期限不得超过四年；菲律宾政府可以根据实际情况给予宽限期。

70. RCEP 项下新加坡涉农服务和投资领域如何开放？

新加坡在服务贸易和投资领域采用负面清单方式承诺，将服务贸易和投资领域合并在一起，体现在协定附件三的服务与投资保留及不符措施承诺表中。所谓负面清单方式承诺，即新加坡仅列出"例外清单"明确不履行开放义务的部门或措施，其他未列出领域则被默认为向外国服务提供者和投资者全部开放。

在新加坡 RCEP 服务和投资保留及不符措施承诺表附件 A 中列出的新加坡现行不符措施共 32 项，与涉农服务投资有关的措施主要包括以下。

第二条对所有部门。要求外资在新加坡港务集团（PSA）或其下属机构的总持股比例不得超过 49％。

第七条土地测量服务。在新加坡从事土地测量服务的人员必须在土地测量师委员会（LSB）或其下属机构进行注册，且在其负责监督或认证的土地测量项目期间本人须在新加坡境内；从事土地测量服务的企业须获得 LSB 颁发的许可证，且该企业须满足相应条件。

第十五条进出口贸易服务。只有在新加坡设有办事处的服务提供者，才可向有关部门申请进出口许可证、原产地证书或其他贸易文件。

第二十三条与制造业相关的服务。新加坡保留采取或维持在《生产管制法》项下进行征收关税、限制产品生产或对违法行为进行处罚等措施的权利。新加坡保留修改或增加《生产管制法》所规定货物清单的权利，目前货物清单里包括啤酒和烈性黑啤酒、雪茄、口香糖、泡泡糖和香烟等。

在新加坡 RCEP 服务和投资保留及不符措施承诺表附件 B 中列出的新加坡现行不符措施共 44 项，新加坡可对相关行业维持现有措施甚至采取新的或更具限制性的措施。对涉农服务投资进行限制的主要包括以下。

第一条对所有部门（自然人流动）。新加坡有权对外国自然人提供的现场或流动服务采取或维持任何措施，包括移民、入境或临时停留。

第二条对所有部门（土地政策）。新加坡有权根据其土地分区、土地使用、城市规划、发展调控、环境保护、自然保护区及国家公园等相关政策，采取或维持与土地开发或使用有关的任何措施。

第十九条分销、代理、批发贸易、零售和特许经营服务。若相关进口禁令或非自动进口许可影响国内产品供应，新加坡有权对其采取或维持任何措施。新加坡有权修改或增加有关法律法规中明确要求、进口禁令或非自动进口许可制中规定的产品清单。

第二十九条饮用水供应。新加坡有权对影响饮用水供应的服务或投资采取或维持任何措施；但措施不会影响瓶装水供应。

第四十条酒精饮料和烟草的批发和零售贸易服务。新加坡有权对酒精饮料和烟草产品的批发和零售贸易服务供应采取或维持任何措施。

71. RCEP 项下泰国涉农服务和投资领域如何开放？

泰国在服务贸易领域采用正面清单承诺，并承诺将于协定生效后 6 年内转化为负面清单，体现在协定附件二的服务具体承诺表中。在服务贸易清单中泰国政府列明允许的市场准入主体、范围、领域等，外资只能在清单范围内享有准入待遇。在投资领域则采用负面清单方式承诺，即仅对投资行为列出"例外清单"明确不履行开放义务的部门或措施，其他未列出领域则被默认为向外国投资者全部开放。

关于服务贸易领域。泰国在附件二服务具体承诺表中列出的现行开放行业中共涉及 11 个领域，与涉农服务贸易相关的措施主要包括以下。

水平承诺（对所有部门生效）。就本附表所指明的有限责任公司或某类法人实体而言，由外国人所有或控股的企业必须符合泰国有关外商投资的法律法规相关要求。外国投资者不可购买或拥有泰国土地。《泰国土地法》仅适用于本附表中规定的自然人、有限责任公司或法人实体收购或使用土地。

第一条商业服务。对于提供兽医服务的合资企业，外资参股比例不得超过注册资本的 70%，且法人代表必须拥有泰国国籍。对于提供以下服务的合资企业，外资参股比例不得超过 49%，外国股东人数不得超过股东总数的 50%：农业机械等装备租赁服务，土壤整地、种子生产、植物保护、农作物收割、包装、储存等农业服务，土壤调查与土地利用规划、牧场管理咨询、林业咨询等服务，水产品出口服务、质量分析、灌装过程分析等渔业相关服务。

第十一条运输服务。对于提供冷冻或冷藏货物储存服务的合资企业，外资参股比例不得超过注册资本的70%，法人代表必须拥有泰国国籍。

关于投资领域。泰国在附件三投资保留及不符措施承诺表清单A中列出的柬埔寨现行不符措施共10项，与涉农服务投资有关的措施主要包括以下。

第四条农业。从事洋葱种子培育的企业，外资参股不得超过企业注册资本的49%。

第五条渔业。从事深海网箱金枪鱼养殖和本地鳌龙虾养殖的企业，外商参股不得超过企业注册资本的51%。

第八条制造业。对于烟草加工，只允许泰国烟草管理局生产烟草制品。

第九条渔业。外国人或悬挂外国国旗的渔船不得申请捕鱼许可证或在泰国领海、毗连区和专属经济区内捕鱼。

第十条农业。从事养牛业的企业，外资参股不得超过养牛企业注册资本的49%。

泰国在附件三投资保留及不符措施承诺表清单B中列出的现行不符措施共12项，对涉农服务投资进行限制的主要包括以下。

第二条农业。泰国保留对外国投资者从事与农业相关活动的投资采取任何措施的权利。

第三条渔业。泰国保留对外国投资者从事与渔业相关活动的投资采取任何措施的权利。

第四条林业。泰国保留对外国投资者从事与植树造林和森林工业相关活动的投资采取任何措施的权利。

第六条制造业。泰国保留对所有制造业部门的投资采取任何措施的权利，但以下行业外国投资者可以100%控股：加工纺织品、乳制品、淀粉和淀粉制品、通心粉生产。

72. RCEP 项下越南涉农服务和投资领域如何开放？

越南在服务贸易领域采用正面清单承诺，并将于协定生效后6年内转化为负面清单，体现在协定附件二的服务具体承诺表中。正面清单内列明了越南允许开展服务贸易的市场主体、范围和领域等方面的要求，未列入的领域不开放。越南在投资领域采用负面清单方式承诺，体现在协定附件三的投资保留及不符措施承诺表中。所谓负面清单方式承诺，即越南仅列出"例外清单"明确不履行开放义务的部门或措施，其他未列出领域则被默认为向外国投资者全部开放。

关于服务贸易领域。越南在协定附件二的服务具体承诺表中列出的具体承诺共 12 大类，与涉农服务贸易有关的承诺主要包括以下。

第二条商业服务（兽医服务）。 外国投资者从事兽医行业私人执业行为须经兽医部门授权。

第二类商业服务（农业、狩猎和林业相关服务）。 外国投资者从事农业、狩猎和林业相关服务，仅可以合资或商业合作的形式成立公司，且外资占比不得超过 51％；某些特定地理区域限制进入。

第十一条运输服务（海运服务）。 外国投资者经营悬挂越南国旗的船队，须成立注册公司；外国服务供应商可成立合资企业，其中外资占股不得超过 49％；外国海员可获准在合资企业拥有悬挂越南国旗（或在越南注册）的船舶上工作，但人数不得超过船员总数的三分之一，且船长或首席执行官必须是越南公民。外国航运公司可成立合资企业，其中外资占比不得超过 51％；也可成立全资企业。

关于投资领域。越南在协定附件三的投资保留及不符措施承诺表附件 A 中列出的现行不符措施共 3 项，暂无与涉农投资有关的措施。

越南在 RCEP 投资保留及不符措施承诺表附件 B 中列出的现行不符措施共 32 项，越南可对相关行业维持现有措施甚至采取新的或更具限制性的措施。与涉农投资有关的主要包括以下。

第五条对所有部门。 越南有权对与土地、财产、与土地相关的自然资源等活动采取或维持任何措施，包括但不限于土地收购、土地所有权、土地分配、土地租赁、土地使用政策、土地规划、土地使用期限、土地使用者的权利和义务等。

第七条制造业。 缅甸有权对从事香烟和雪茄生产、白酒和酒精饮料生产等投资活动采取或维持任何措施。

第十一条渔业和水产养殖。 越南有权根据《联合国海洋法公约》

（1982年在蒙特哥湾签订）在越南主权和管辖水域内采取或维持与渔业和水产养殖有关的任何措施。

第十二条林业和狩猎。越南有权采取或维持与林业和狩猎有关的任何措施。

第十三条农业。越南有权对外国投资者从事以下行业采取或维持任何措施：种植、生产或加工珍稀植物；饲养或饲养珍稀野生动物；加工上述植物或动物（包括活体动物和取自动物的加工产品）。

第二十五条对所有部门。越南有权采取或维持与内河港口、海港和机场有关的任何措施。

73. RCEP项下中国农业服务贸易和投资如何开放？

中国在服务贸易领域采用正面清单承诺，并将于协定生效后6年内转化为负面清单，体现在协定附件二的服务具体承诺表中。正面清单内列明了中国允许开展服务贸易的市场主体、范围和领域等方面的要求，未列入的领域不开放。中国在投资领域采用负面清单方式承诺，体现在协定附件三的投资保留及不符措施承诺表中。所谓负面清单方式承诺，即中国仅列出"例外清单"明确不履行开放义务的部门或措施，其他未列出领域则被默认为向外国服务提供者和投资者全部开放。

关于服务贸易领域。采取正面清单的承诺方式，并以"FL"（进一步自由化）的列表方式，对进一步自由化的部门或分部门加以确定，以锁定开放成果。在服务贸易正面清单中列出FL部门并公布透明度清单，纳入棘轮义务，这对中国而言是第一次在自贸协定中进行此种承诺，目前服务贸易开放承诺达到了已有自贸协定的最高水平，承诺开放部门的数量在中国入世承诺约100个部门的基础上，新增了研发、管理咨询、制造业相关服务、空运等22个部门，并提高了法律、建筑、环境、海运、航空运输等37个部门的承诺水平，其中涉农服务包括以下。

第一条商业服务（林业有关的服务）。对林业相关服务贸易予以放开，但要求中外合资的形式并允许外资持有多数股权。

第一条商业服务（包装服务）。开放农产品包装服务，并允许设立外商独立子公司。

第四条分销服务。除盐和烟草外，批发服务向外国投资者开放，并允许设立外商独资企业。除烟草外，零售服务向投资者开放，并允许设立外商独资企业。但如果销售农药、农膜、成品油、化肥等产品，且拥有 30 个以上的销售分店，则外资不能拥有多数股权。

第十一条运输服务。国际海运运输、内水货运运输服务、铁路货物运输服务、公路运输服务、仓储服务对外国投资者开放。

中国在 RCEP 中以负面清单方式对制造业、农业、林业、渔业、采矿业等 5 个非服务业领域投资作出较高水平开放承诺，有清单 A 和清单 B 两张负面清单。列入清单 A 的是现存的不符措施，对于一些敏感领域则列入清单 B，中国今后可以在这些领域采取对外资更具限制性的加严措施。清单 A 中涉及农业领域的主要包括以下。

第一条种子产业。要求外国投资者不得投资中国稀有和特有的珍贵优良品种研发、养殖、种植以及相关繁殖材料的生产（包括种植业、畜牧业、水产业的优良基因）；外国投资者不得投资农作物、种畜禽、水产苗种转基因品种选育及其转基因种子（苗）生产；外商投资小麦、玉米新品种选育和种子生产须由中方控股。

第二条渔业。要求外国投资者不得投资中国管辖海域及内陆水域水产品捕捞。

清单 B 中涉及农业领域的主要包括以下。

第二条生物资源保护。中国保留审批外商投资企业利用原产于中国并受中国保护的生物资源（包括人、动物、植物和微生物资源）进行研究和开发活动的权利。

第七条土地。中国保留对土地采取或维持任何措施的权利。

74. RCEP 项下的农业服务贸易和投资开放可以给中国企业带来什么红利？

在 RCEP 项下，所有成员对投资领域均采用负面清单方式承诺，即不列在负面清单上的行业都允许外国投资者进入。8 个国家服务贸易暂时采用正面清单，在协定生效 6 年后（柬埔寨、老挝、缅甸为 15 年）将全部转为负面清单。

中国企业农业投资较多集中在周边东盟国家。以泰国为例。泰国曾对大米、蔗糖加工领域禁止外资进入，但 RCEP 项下泰方均移除了对这些领域的限制，允许 RCEP 区域内投资者进入，且在部分领域允许外商独资。此外，泰国还在 RCEP 项下新增承诺，允许外商投资淀粉加工、通心粉加工等行业。中国有实力的农业企业，可更多关注以上领域，发现新的商机。再以越南为例。越南在水产品加工、乳品加工、植物油加工等领域，之前采取允许外资进入、但严格控制其原料的措施，要求大部分原料使用当地生产的商品。在 RCEP 项下，越南取消了要求外资在相关领域投资使用本国原料的限制，将有利于中方企业在越南布局新型产业链和价值链。

除服务贸易和投资领域的负面清单创新外，RCEP 在自然人流动领域也有较大改进。其中，成员国投资者从事境外商务活动时，RCEP 给予其随行人员及家属等更宽松的自然人流动许可。本领域权限的开放将进一步提高区域内自然人流动的水平，有利于推动农业企业开展海外投资。

五、其他章节规则

75. RCEP 与其他自贸协定冲突、重叠的部分如何处理?

在 RCEP 正文第 20 章"最终条款"中对与其他协定的关系做出了明确规定,如果 RCEP 成员国认为本协定某个条款与另一多(双)边协定中某条款不一致,应与该协定另一相关缔约方进行磋商,以期达成双方满意的解决办法。但本条款不得妨碍一缔约方在 RCEP 项下争端解决的相关正当权利和义务。值得注意的是,就本协定的适用条件而言,如一协定对货物、服务、投资所给予的待遇优于本协定项下所给予待遇,在各缔约方同意的前提下,并不意味着存在协定冲突。

76. RCEP 条款可以被修正吗? 修正程序是怎样的?

RCEP 条款可以被修正。缔约方可以通过书面形式对协定文本进行修正。协定条款的修正需要 RCEP 15 个缔约方均以书面形式通报东盟秘书处其修改依据并完成其国内法律批准程序,修正后的案文将在核准后的 60 天内生效,或在缔约方同意的其他日期生效。

77. RCEP 对中小企业有何规定?

RCEP 规则下的"中小企业"指任何微型、小型和中型企业,在适当情况下可由每一缔约方依照各自的法律、法规或国家政策来进一步定义。RCEP 文本明确了中小企业的重要地位,旨在为中小企业合作搭建更广阔的平台,鼓励它们更积极地利用自贸协定规则及协定创造的经济合作项目,更好更快地融入区域价值链和供应链。同时,RCEP 也规定了促进中小企业合作的各项措施,主要有:鼓励执行涉及便利化和透明度的贸易规章制度;改善中小企业市场准入以及全球价值链参与度;促进和便利企业之间的合作关系;促进中小企业应用电子商务;推动缔约方创业计划经验交流;鼓励创新和技术应用;提高中小企业对知识产权制度的认识、理解和有效使用;加强中小企业能力建设和竞争力提升等。

78. RCEP 对经济技术合作有何规定？

RCEP 规定各缔约方将合作实施技术援助和能力建设项目，促进协定更加包容和高效，尤其是照顾最不发达成员国的发展需要，促进各方充分利用协定发展本国经济，不断缩小成员国之间的发展差距。其目的是巩固并完善各成员国间的经济技术合作，实现最大化互惠。经济技术合作主要围绕贸易和投资有关事项开展，并服务于 RCEP 的整体实施，具体的工作计划将由 RCEP 联合委员会制定。RCEP 的 15 个成员国中有三个最不发达国家（柬埔寨、老挝、缅甸），RCEP 规则下的经济合作将优先考虑向发展中国家以及最不发达国家提供能力建设支持和技术援助。对中国而言，加强经济技术合作一方面要求中国向东南亚国家尤其是最不发达国家提供更多支持和援助，这本身就与"一带一路"倡议的目标和方向不谋而合；另一方面也为中国与缔约方中的发达国家开展合作奠定了基础，为区域内各国进行贸易往来、技术引进、投资提供便利。

79. RCEP 项下电子商务相关规则对跨境电商发展有何意义？

RCEP 框架下电子商务作为单独一个章节，此章节除规定了电子认证和签名、在线消费者保护、在线个人信息保护、网络安全、跨境电子方式信息传输等条款，中国还首次在符合中国法律法规的前提下，在本章纳入数据流动、信息存储等规定。本章内容适用于以电子方式所提供的服务，但不适用于政府采购、缔约方收集、持有或处理信息的措施等情形。以电子方式所提供服务的措施还应遵循 RCEP "服务贸易"及"投资"相关章节义务。

第一，RCEP 要求各缔约方考虑无纸化贸易的倡议，提高对电子形式贸易管理文件的接受度及公开可获性，将大大促进跨境电子商务发展。除柬埔寨、老挝和缅甸三国，其他缔约方不得仅以电子方式为由而否认电子签名的法律效力，允许并鼓励使用可交互操作的电子认证，不限制电子认证技术和电子交易实施模式；但缔约方可以对特定种类的电子交易的认证方法和认证机构提出要求。

第二，RCEP要求缔约方应当采取或维持保证电子商务用户个人信息受到保护的法律框架，同样要求缔约方应发布其向电子商务用户提供个人信息保护的相关信息，具体包括：一是消费者如何寻求救济，二是企业如何遵守相关法律要求。另外，RCEP特别提出，缔约方应当鼓励企业通过互联网等方式公布其与个人信息保护相关的政策和程序。

第三，RCEP要求缔约方应当在考虑电子商务国际公约和示范法的基础上，规范电子商务监管措施。采取或维持监管电子商务的法律框架，并努力避免对电子商务施加任何不必要的监管负担。缔约方应当维持目前不对缔约方之间的电子传输征收关税的现行做法，但并不阻止缔约方依照本协定对电子传输征收税费、费用或其他支出。RCEP还要求缔约方尽快公布本章相关措施以确保透明度。

第四，RCEP特别提出网络安全的问题，要求缔约方认识到计算机安全事件主管部门能力建设的重要性，并开展网络安全相关合作。另外，RCEP还就电子商务发展中正在显现的金融服务跨境数据流动、数字产品待遇、源代码等问题鼓励缔约方之间进行对话。

80. RCEP对"争端解决"条款有何规定?

制定争端解决条款的目标是为了给RCEP项下产生的争端提供高效和透明的规则与程序，提倡在诉诸对抗性争端解决机制之前进行双边和区域协商。

磋商、起诉、斡旋等争端解决方式。本协定条款应当依照国际公法的习惯规则进行解释。RCEP鼓励缔约方就本协定项下的争端通过合作和友好磋商达成各方同意的解决办法，磋商应当遵循规定的具体流程和要求，并不得损害争端方其他权利。除各方另有书面约定外，起诉方有权选择解决争端的场所，争端各方也可在任何时间自愿采取斡旋、调解或调停等争端解决的替代方式。

专家组审查。如被诉方未能依照相关要求做出答复或进行磋商，或磋商未能在规定期限内解决争端，起诉方可以请求设立专家组审查争议事项，并应向专家组提供起诉事实和法律基础的细节。在存在多个起诉方且均请求设立或重新召集专家组的情况下，应当设立或重新召集单一专家组审查相关起诉。专家组应当充分考虑争端各方和其他缔约方（第三方）的利益，第三方有权在保密的前提下，参与听证并提交书面意见。

专家组报告具有最终效力。 争端各方可以随时中止专家组工作，但若专家组已经出具最终报告的裁定和决定，则该报告对争端各方具有约束力，被诉方应当调整不符措施或履行相关义务。如争端各方对执行存在分歧，应重新召集专家组（执行审查专家组）对此进行审查并发布最终报告。此外，争端解决机制还提出应考虑最不发达国家缔约方的特殊情况，对与其相关的争端事项保持适当的克制。

81. RCEP 缔约方可否退出协定？

任何缔约方均可以通过向保管方提交书面退出申请而退出 RCEP。除非缔约方商定不同期限，退出应当在一缔约方向保管方提交书面申请 6 个月后生效。如某缔约方退出，该协定对余下的缔约方仍然有效。

82. 其他国家或地区如何申请加入 RCEP？

RCEP 应当自生效之日起 18 个月后，开放供任何国家或单独关税区加入。加入协定应经缔约方同意，并应当遵循该国家或单独关税区与缔约方之间可能达成的任何条款和条件。申请方需要向保管方提交书面申请，申请书交存于保管方。任何想要加入的国家或单独关税区应遵循 RCEP 所约定的条款和条件，在以下两个日期中的较晚者当日成为该协定缔约方：其向保管方提交申请书之日起 60 天后；或缔约方通知保管方已经履行了各自适用的法律程序之日。中国香港特区政府已在 2022 年 1 月正式提交了加入 RCEP 的申请，预计约 18 个月后加入。

83. 印度如重返 RCEP，需履行什么程序？

尽管印度在谈判接近尾声时退出，但其他成员国仍对印度重返 RCEP 持开放态度。按照 RCEP 协议的最终条款，自 RCEP 生效之日起 18 个月后，该协议将对其他想要参与的国家开放。但是，印度作为最初的 16 个谈判国之一，不需要等待这 18 个月，在协议生效之日开始，便有机会加入该协议。若印方遵循 RCEP 所约定的条款并完善与各缔约方的承诺书，则能够具备重返 RCEP 的基础条件。

六、RCEP区域农业市场展望

84. 澳大利亚农业市场前景如何?

中国与澳大利亚互为重要的农产品贸易伙伴,中国是澳大利亚第一大贸易伙伴,中澳农产品贸易额占澳大利亚贸易总额的16.7%;澳大利亚是中国第六大进口来源国,进口产品主要是畜产品、水产品和水果等。在双边自贸协定与RCEP的共同作用下,中澳农产品贸易发展前景良好。

一、中澳农产品贸易概况

澳大利亚是世界主要农产品出口国之一,主要生产农产品有大麦、小麦、棉花、牛肉、牛奶、羊毛等。2021年其生产牛肉、大麦出口量占其产量超65%,小麦、棉花和食糖出口量均占其产量超过75%。澳大利亚大麦、棉花和食糖出口量均居世界前5位。澳大利亚进口产品主要是饮料、畜产品、粮食制品和水产品等。

2015年中国—澳大利亚自由贸易区正式建成后,中澳农产品贸易快速增长。2021年双边贸易额达104.9亿美元,中方逆差82.8亿美元。澳大利亚是中国第六大农产品进口来源地。2015—2021年,中澳农产品贸易额从90.3亿美元增至105亿美元,增长了16.3%。其中,中国自澳进口额从80.6亿美元增至93.9亿美元;对澳出口额从9.7亿美元增至11.1亿美元。目前,中国已成为澳大利亚最大的农产品贸易伙伴。中国自澳大利亚进口的农产品主要有羊毛、牛肉、羊肉、奶粉和葡萄等。中国出口澳大利亚的农产品以水产品、蔬菜、粮食制品、食糖及水果等为主。

二、RCEP项下中澳农产品市场开放情况

澳大利亚农产品市场开放程度较高,对所有RCEP成员国采用统一的降税方式,其农产品自由化水平为99.6%。

澳大利亚对1 062个农产品税目中的980个税目在协定生效时维持零关税或立即降税到零,占农产品税目总数的92.3%,主要包括活动物、肉及食用杂碎、食用蔬菜、食用水果及坚果、糖及糖食、可可及可可制品、生皮、毛皮、生丝、亚麻等;78个税目经3~20年关税降为零,占比7.3%,主要包括乳酱、黄瓜、大蒜、蔓越莓、水果罐头、番茄汁、蔬

菜罐头、葡萄汁、花生、发酵饮料、乙二醇等；4个农产品税目例外处理，占比 0.4%，主要是葡萄、未冷冻蔬菜和柠檬汁。

中国在 RCEP 项下对澳大利亚仍然保持了双边自贸协定的较高市场开放度，农产品自由化水平为 91.5%。中国对 1 470 个农产品税目中的 932 个税目在协定生效时维持零关税或立即降税到零，占农产品税目总数的 63.4%，主要包括活动物、肉及食用杂碎、鱼类、种用黑麦、水果及坚果、糖及糖食、可可及可可制品、生皮、适于缫丝的蚕茧和羊毛等；对 413 个税目经 10~20 年降零，占比 28.1%，主要包括猪鬃、猪毛、菠萝、葡萄柚、柿子、杨桃、八角茴香、小麦淀粉、玉米淀粉、甜菜、刺槐豆、甘蔗、杏仁和废棉纱线等；出于粮食安全、农民生计等考虑对 125 个税目实行例外处理或部分降税，主要包括鲜冷冻牛肉、葡萄糖及葡萄糖浆、配方奶粉、龙眼罐头、椰子汁、葡萄酒、咖啡、种用小麦、种用玉米、小麦或混合麦的细粉、玉米细粉、大豆、豆油、甜菜糖、砂糖、绵白糖、烟草、羊毛和棉花等，占比 8.5%。

三、借力 RCEP 深化中澳农业合作的主要方向

中国—澳大利亚自贸协定在农产品货物贸易领域已实现高水平开放，澳大利亚对中国出口农产品最终 100% 零关税。叠加 RCEP 项下农产品更宽松的原产地规则和高水平的贸易便利化安排，将切实提升中澳农业资源利用效率，为中澳农业合作创造新机遇。中国目前是澳大利亚最大的农产品贸易伙伴，未来深化中澳农业合作可从以下几方面入手：**一是扩大自澳重点农产品进口，稳定中澳农业经贸关系。**农产品贸易是中国与澳大利亚之间经贸往来的重要组成部分，其稳定健康发展对于推动双边经贸关系至关重要。中国一直是澳大利亚最大的贸易伙伴，中国自澳大利亚的进口为澳方农业发展、农民收入创造了巨大收益。RCEP 项下的优惠待遇将进一步深化中澳农业领域经贸合作，巩固区域内农产品贸易互惠共赢的成果。**二是以中澳农业领域高水平开放为契机，优化农产品出口结构。**中澳两国资源要素禀赋互补性强，澳方主要对华出口高粱、大麦等资源密集型产品，中方主要对澳出口园艺产品等劳动密集型产品。中方企业可抓住澳大利亚农业高水平开放机遇，通过高新技术研发与创新，推动农业产业转型升级，提升出口农产品附加值，进一步优化中方出口产品的结构。**三是抓**

住开放机遇，推动农业投资规模不断扩大。澳大利亚在服务贸易和投资领域均采用负面清单方式承诺，整体开放程度较高，降低了中国企业对澳投资的准入门槛，涉农限制主要集中在收购土地、渔业捕捞和海上运输等领域。企业应用好澳大利亚在 RCEP 项下的涉农投资优惠政策，通过企业并购等方式，挖掘赴澳农业投资潜力。在参与赴澳投资时要更多考虑到澳大利亚相关行业的未来发展方向以及开发政策，遵守当地的法律法规并处理好与当地政府、企业、民众的关系。

85. 日本农业市场前景如何？

中日两国互为重要农产品贸易伙伴，日本是中国第四大农产品贸易伙伴和第一大出口市场。2021 年，中国对日农产品出口额占出口总额的 12.2%，主要是鸡肉制品、加工水产品、洋葱和花生等。RCEP 是中日两国首次达成自贸协定，未来两国在推动农产品贸易规模进一步扩大，以及深化农产品加工业合作等方面有较大潜力。

一、中日农产品贸易总体情况

日本人口众多，经济发达，由于耕地等农业资源紧缺且农业劳动力价格较高，日本农业总体缺乏比较优势，是全球重要的农产品进口市场。近年来日本农产品进口额保持在 700 亿美元以上，是全球前五大农产品进口国之一。日本主要进口农产品为鱼类、生猪产品、牛产品、禽产品、玉米产品等，同时在农产品加工品及和牛等高端特色农产品上具有一定出口优势。

中日地理位置相邻，饮食习惯相似，中国农产品出口日本具有得天独厚的条件。中国入世后，中日农产品贸易曾快速增长，但随着日本与泰国、越南等东盟国家签署自贸协定形成贸易转移，加之日方实施技术性贸易措施等其他因素影响，中国对日农产品出口增速放慢。中国对日农产品出口额从 2001 年的 57.4 亿美元增至 2012 年的 120.2 亿美元，随后出现下降，2019 年降至 103.8 亿美元，2020 年进一步下滑至 96.4 亿美元。自日农产品进口额基数较小但增长迅速，2001 年尚不足 3 亿美元，2020 年已达 12.8 亿美元。中国对日出口的主要是蔬菜、禽产品、鱼类、贝类及软体动物等，自日进口的主要是水产品、酒、膨化食品等。日本为中国最大农产品出口市场，中国则是日本第二大农产品进口来源地，中日农产品贸易对双方均具重要意义。

二、RCEP项下中日农产品市场开放情况

RCEP的签署使得中日之间首次达成了双边关税减让安排。日本一贯对农业实行高保护，其签署的自贸协定项下农业开放水平普遍较低。在RCEP项下，日方承诺对中方1 400多个农产品税目最终取消关税，占中方农产品税目总数的大约60%。其中立即降零税目数717个，占农产品税目总数的29.3%，主要是未焙炒的咖啡、茶、玉米、食用高粱、大豆、甘蔗蜜糖、口香糖等；11年降零税目数318个，占农产品税目总数的13%，主要是鲜冷冻鱼、冷冻甜玉米、干蘑菇、梨、桃、谷物粗粉团粒、鱼子酱、豌豆罐头等；16年降零税目数373个，占农产品税目总数的15.3%，主要是番茄、花椰菜、牛蒡、橘子、樱桃、人参、鲍鱼罐头、海参罐头、饼干、大蒜粉等；21年降零税目数5个，占农产品税目总数的0.2%，主要是发酵饮料、酒精饮料、动物生皮等。此外，日方对其1 032个敏感农产品税目采取例外处理不降关税，占农产品税目总数的大约40%，主要是谷物、植物油、奶制品、牛肉、猪肉等。

同时，中国承诺对日本1 273个农产品税目逐步取消关税，约占日方农产品税目总数的86.6%。日本的水产品、加工食品、特色酒类等将享受零关税待遇。

三、借力RCEP深化中日农业贸易合作的主要方向

RCEP项下的关税减免待遇有助于抵消其他自贸协定对中国农产品输日的负面影响。除了关税减让，RCEP在原产地规则、贸易便利化、服务投资、非关税壁垒等方面均有高水平承诺，为拓展和深化中日农业贸易合作创造了条件。农业贸易企业可结合自身情况和RCEP相关规则进行综合分析和发展战略设计，以充分利用优惠政策。

一是积极扩大对日农产品出口。关税减免政策对贸易企业的红利"立竿见影"。农产品贸易企业可深入了解RCEP项下日本农产品降税情况、原产地规则等内容，相应调整输日产品结构，利用中国青岛至日本大阪

RCEP海上快线等物流渠道，以最大限度挖掘中国新鲜蔬菜、冷冻及加工水产品等优势特色产品输日潜力，扩大对日农产品出口。**二是适当扩大自日高端农产品进口。**随着居民收入水平的持续提高以及消费结构升级，中国对高端、特色农产品的需求将扩大。企业可借RCEP的东风，加强同日本供应商的沟通对接，将日本冻扇贝、蔬菜种子、咖啡和高端水果等优质农产品"引进来"，增加国内消费者选择，满足人们日益增长的对美好生活的需要。**三是与日开展跨国农业产业链合作。**日本农产品加工业较为发达，产品精深加工程度高，种类繁多，包装设计精美时尚。中国可借助RCEP签署契机，扩大引入日本农产品加工、检测、包装、设计等领域的优秀企业和技术，助力中国农业高质高效发展，并利用协定宽松的原产地规则开发RCEP区域大市场。

86. 韩国农业市场前景如何？

中国与韩国是友好邻邦，两国有着悠久的传统友谊。建交以来，中韩两国关系不断提升，2000年建立全面合作伙伴关系，2010年提升为全面战略合作伙伴关系。2015年6月，中韩两国政府正式签署《中国—韩国自由贸易协定》，同年12月20日生效。中国是韩国的第二大农产品进口来源地，同时也是其农产品第二大出口市场。中韩两国农业合作空间广阔，RCEP的签署为两国农业合作进一步深入发展提供了较大机遇。

一、中韩农产品贸易概况

随着《中国—韩国自由贸易协定》于2015年全面启动，中韩农产品贸易进入快速发展阶段。2010—2021年，中韩农产品贸易额从39.5亿美元增长到67.4亿美元，年均增长5%。其中，中国对韩农产品出口额从35.3亿美元增至53亿美元，年均增长3.8%；自韩进口额从4.2亿美元增至14.4亿美元，年均增长12%。近十年间，中韩农产品贸易长期保持着顺差状态，基本稳定在39亿美元左右，其中2018年达到42亿美元。2020—2021年间全球农产品贸易受到新冠肺炎疫情的冲击，但中韩两国间的农产品贸易不降反增，中韩2021年农产品贸易额达到历史纪录 67.4 亿美元，其中中国对韩出口 53 亿美元，同比增长 9％；进口 14.4 亿美元，同比增长 20％。中国从韩国进口的农产品主要是无酒精饮料、面食和精制糖等，对韩出口的农产品主要是冷冻蔬菜、墨鱼及鱿鱼、糙米等。

二、RCEP 项下韩国农产品领域开放情况

在 RCEP 框架下，韩国对东盟、澳大利亚、新西兰、中国、日本等采取不同的降税方式，农产品自由化水平分别是 69.5％、68.6％、68.9％、62.6％、46.9％。韩国对其 2 266 个农产品中的 399 个对中国维持零关税或立即降到零关税，对其余农产品采取 10 年降零、15 年降零、20 年降零、部分降税、维持基准税率以及例外处理等方式。其中，韩国对中国531 个税目的农产品采取 10 年降零，主要包括冻鳗鱼、咖啡、胡椒、柠檬汁、红酒等。对中国 472 个税目的农产品采取 15 年降零，包括墨鱼、玉米粉、鱼罐头和人参茶等；对中国的 16 个税目农产品采取 20 年降零，包括雪蟹、鱿鱼、肠衣、可乐果、果酱等；对中国 4 个税目的农产品实施部分降税；对中国 844 个税目的农产品实施例外处理，包括大麦、玉米、甜玉米、牛肉、鸡肉等。

三、借力 RCEP 深化中韩农业合作的主要方向

RCEP 项下中韩农产品领域的关税减免、更宽松的原产地规则和高水平的贸易便利化安排，有利于中韩双方在区域内灵活配置资源、开展产业链合作。可积极利用 RCEP 生效实施契机，拓展和深化中韩农业合作：**一是推动双边农产品贸易高质量发展。**通过举办农业贸易企业对接会、在韩建设农产品展示中心和海外仓、鼓励企业开展农产品国际商标注册等多种途径，积极促进自主品牌出口，提升出口附加值。**二是发展对韩农业服务贸易。**借助韩国服务贸易在 RCEP 项下扩大开放的机遇，推动中国优势农机农技服务扩大在韩市场。**三是推动中韩农业科技合作。**中方企业应借助 RCEP 签署契机，深化 RCEP 框架下中韩农业科技合作，关注智慧农业、动植物疫病防控、粮食与药用作物等重点领域，开展品种改良、栽培种植、增值加工等方面经验交流，提升农业现代化水平，增强农产品国际竞争力。

87. 新西兰农业市场前景如何？

中国与新西兰互为重要的农产品贸易伙伴，中国是新西兰第一大出口市场，新西兰是中国第四大进口来源地。近年来，中新农产品贸易总额稳步增长，结合 RCEP 以及《中国—新西兰自贸协定升级议定书》项下更加开放的原产地规则以及贸易便利化等措施，中新农业合作将迎来新机遇。

一、中新农产品贸易概况

新西兰农业发达，以畜牧业为主，是世界上人均养牛、牧羊最多的国家，农业是其国民经济重要部门，主要生产农产品有乳制品、牛肉、小麦和大麦等。出口农产品主要是乳制品、牛肉、水果等，其中牛肉出口量占其产量超 90％。进口产品主要是畜产品、饮料、糖及谷物等。

继 2008 年中国—新西兰自由贸易区正式建成后，2022 年《中国—新西兰自贸协定升级议定书》正式生效，双边农产品贸易快速发展。2008—2021 年，中新农产品贸易额从 11.2 亿美元增至 115.5 亿美元，增加 9.3 倍。其中，中国自新西兰进口额从 10.2 亿美元增至 113.1 亿美元；对新西兰出口额从 1 亿美元增至 2.4 亿美元。目前，中国已成为新西兰最大的农产品贸易伙伴，新西兰是中国第四大农产品进口来源地。中国自新西兰进口的农产品主要有奶粉、牛肉、羊肉、鲜奶和猕猴桃等，2021 年奶粉、牛肉进口额占中国自新西兰农产品进口总额的 38％和 13％。中国出口新西兰的农产品以水产品、蔬菜、粮食制品、糖和水果等为主。

二、RCEP 项下中新农产品市场开放情况

新西兰农产品进口关税水平较低，新西兰对所有 RCEP 成员国采用统一的降税方式，其农产品自由化水平为 96.1％。

新西兰对 1 376 个农产品税目中的 1 089 个税目在协定生效时维持零关税或立即降税到零，占农产品税目总数的 79.1％，主要包括活动物、肉及食用杂碎、食用蔬菜、食用水果及坚果、糖及糖食、可可及可可制品、生皮、毛皮、生丝和亚麻等；233 个税目经 10～15 年关税降为零，占比 17％，主要包括甜玉米、草莓、已磨的肉豆蔻、小麦的粗粒及粗粉、

鲜或干的啤酒花、羊毛脂及从羊毛脂制得的脂肪物质、人造黄油、鸡肉罐头、不含可可的糖食、加糖或其他甜物质的可可粉、包馅面食、梨罐头、发酵粉、伏特加酒和动物饲料等；21 个农产品税目部分降税，占比1.5%，主要包括已磨的胡椒、已磨的香子兰豆、淡水小龙虾仁、赤豆馅罐头和水果汁等。33 个农产品税目维持基准税率，占比 2.4%，主要包括干蔬菜、小麦细粉、马铃薯细粉、起酥油、糖渍蔬菜、水果和坚果等。

中国在 RCEP 中对新西兰仍然保持了双边自贸协定项下的较高市场开放度，农产品自由化水平为 92%。中国对 1 470 个农产品税目中的 956个税目在协定生效时维持零关税或立即降税到零，占农产品税目总数的65%，主要包括肉类、鱼类、糖及糖食、可可及可可制品、蔬菜、水果及坚果、饮料和糕饼点心等；397 个税目经 10~20 年降零，占比 26.9%，主要包括菠萝、柿子、杨桃、八角茴香、小麦淀粉、玉米淀粉、羊毛脂、印楝油及其分离品、整颗或破碎的可可豆等；出于粮食安全、农民生计等考虑对 117 个税目实行例外处理或部分降税，主要包括鱼翅、葡萄糖及葡萄糖浆、配方奶粉、龙眼罐头、椰子汁、鲜葡萄酿造的酒、咖啡、种用小麦、种用玉米、小麦或混合麦的细粉、玉米细粉、棕榈油、菜籽油、甜菜糖、砂糖、绵白糖、烟草、羊毛和棉花等，占比 8.1%。

三、借力 RCEP 深化中新农业合作的主要方向

2022 年，《中国—新西兰自贸协定升级议定书》新增电子商务、政府采购、竞争政策等章节，在相关领域实现更高水平开放，叠加"一带一路"倡议背景下，RCEP 关于农产品关税减让、更宽松的原产地规则和高水平的贸易便利化等优惠贸易安排，将更好实现区域设施联通和贸易畅通，为中新农业合作创造新机遇。中国目前是新西兰第一大出口市场，未来深化中新农业合作可从以下几方面入手：**一是学习 RCEP 与中新自贸协定涉农优惠政策，稳步推进自新西兰优质农产品进口。**新西兰农业资源禀赋充裕且与中国互补性强，其生产的牛羊肉、乳制品和猕猴桃等产品品质高、成本低，对国内消费者吸引力较大。RCEP 项下的关税削减等优惠政策将为企业稳步扩大自新西兰进口提供利好条件。**二是借力 RCEP 贸易便利化等规则，扩大对新农产品出口规模。**中国农业出口企业可借助 RCEP中海关程序与贸易便利化章节要求快运货物、易腐货物力争 6 小时通关的

便利条件，研究新西兰农产品进口的需求偏好，提升中国水产品、蔬菜、水果及谷物品质，逐步扩大对新西兰出口规模，提升中国特色农产品在新西兰的知名度和市场占有率。**三是以"一带一路"倡议为合作平台，利用 RCEP 涉农投资安排调整区域内产业布局。**新西兰作为首个加入中国"一带一路"倡议的西方发达国家，深化双边农产品贸易合作更具标志性意义。RCEP 项下，新西兰在服务投资领域做出高水平开放承诺，中方企业可通过租赁、收购土地等方式，充分发挥新西兰土地草场资源优势，发展畜产品生产加工。此外，新西兰海洋船舶租赁运输领域开放程度较高，应以此为契机推动储、运、销全产业链农业投资，发展冷链物流基础设施建设以及跨境电商，打通农产品供销渠道，打破中新农产品物流远距离运输"瓶颈"制约，推动中新在农业投资领域实现更深层次合作。

88. 文莱农业市场前景如何？

文莱位于加里曼丹岛西北部，国土面积 5 765 平方公里。海岸线长约 162 公里，共有 33 个岛屿，东部地势较高，西部多沼泽地。20 世纪 70 年代以来，随着文莱石油、天然气产业等能源部门崛起和公共服务业发展，其本地部分农业人口弃农转行，传统农业受到冲击，农业发展总体水平落后，90% 左右的国内食品消费需从国外进口。

一、中文农产品贸易概况

2012—2021 年的十年间，中文农产品贸易从 2012 年 1 252.7 万美元增长至 2021 年的 2 305.9 万美元，年均增长 7%。由于文莱农业发展水平落后，且文莱农产品进口远超出口，因此中文农产品贸易超过 95% 贸易额为中国对文莱出口，主要产品包括甘蓝、柑橘、水产品和大蒜等。随着 RCEP 生效实施，中文货物贸易更加便利，将推动中文农产品贸易进一步增长，促进中文农业合作。

二、RCEP 项下文莱农产品领域开放情况

文莱农产品最惠国税率（MFN）零关税水平较高，因此在 RCEP 中延续了相对高水平的农产品自由化率，达到 96.3%。文莱对 14 个成员国

采用统一的降税方式，具体来看，对其 1 675 个农产品中的 95.6％（1 602 个税目）维持零关税，主要包括乳品、蛋品、天然蜂蜜、蔬菜、食用水果、坚果和谷物等。经 15 年降零的共 11 个农产品税目，主要是咖啡等，占全部农产品的 0.7％。部分降税含 11 个农产品税目，主要是茶叶等，占全部农产品的 0.7％。此外，文莱对 51 个农产品税目例外处理，主要是生产饮料所用的复合酒精制品、啤酒、葡萄酒、未改性乙醇等，占全部农产品的 3％。

中国对文莱 960 个类目下的农产品维持零关税或立即降零，占全部农产品的 65.3％，主要是水产品、热带水果等。经 10 年、15 年或 20 年降零的农产品共有 404 项，占全部农产品的 27.5％，主要是畜产品、水果蔬菜等。部分降税及例外产品仅 106 项，占全部农产品的 7.2％，主要是粮食、食糖、棉花等产品。

三、借力 RCEP 深化中文农业合作的主要方向

RCEP 规则标准较高，中国和文莱均在农业贸易投资领域实现高水平开放，对中国农业企业提升参与国际市场的竞争能力提出更高要求。积极利用 RCEP 生效实施契机，拓展和深化中文农业合作应从以下几方面入手：**一是加强对文莱农产品市场调研，利用协定优惠条件推动农产品对文出口。**中方相关部门可通过政策宣介、搭建平台等方式，做好文莱贸易政策、农产品市场等信息收集发布工作，指导国内农产品生产加工企业了解并获得文莱市场的准入资格，充分了解文莱对农产品质量要求，提高果蔬、水产品、茶叶、花卉、加工食品等输文优势产品竞争力。**二是务实开展海产养殖等领域合作。**文莱拥有近 4 万平方公里的广阔海域，且海水污染程度低，适合养殖鱼虾。在文莱政府为促进经济多元化推出的"2035 宏愿"中，渔业是重点发展产业之一，被称为文莱的"菜篮子"工程。文莱政府鼓励外资与文莱本地公司开展渔业合作，中方企业可在此基础上充分开展渔业科技、人才等领域的密切交流，推动双方渔业可持续发展。**三是充分发挥 RCEP 项下文莱服务贸易与投资负面清单优势，扩大中方农业对文农业投资。**文莱服务贸易与投资负面清单限制行业少，如水产品加工、仓储运输、农产品分销等其他成员国有所保留的行业也均对外国投资者开放。中方企业可深度探索文莱农业市场，利用文莱服务贸易与投资领

域开放力度较大的优势，通过投资布局、基地建设等，扩大在文莱的市场份额。

89. 柬埔寨农业市场前景如何？

中国与柬埔寨是友好邻邦，两国有着悠久的传统友谊。柬埔寨农业资源丰富，但其农业发展受技术水平较低影响相对滞后。中国农业发展模式、经验技术、农机装备等相对于柬埔寨具有一定优势，RCEP 的生效实施为两国农业合作进一步深入发展提供了重大机遇。

一、中柬农产品贸易概况

中国—东盟签署自贸协定后，中柬农产品贸易进入快速发展阶段。2012—2021 年的十年间，中柬农产品贸易额从 5 389 万美元增长到 6.7 亿美元，年均增长 32.5%。其中，对柬出口从 3 459 万美元增至 1.8 亿美元；自柬进口从 1 929 万美元增至 4.8 亿美元。中国从柬进口的农产品主要是香蕉、大米、木薯淀粉等，对柬出口的农产品种类则较为分散，以制粉工业产品、鱼、甲壳动物、软体动物、烟草制品等为主。中柬自贸协定谈判于 2020 年 1 月启动，7 月宣告完成，10 月正式签署，是柬埔寨对外签署的首份双边自贸协定，也是中国继新加坡以后与东盟成员单独签署的第二份双边自贸协定。随着 RCEP 生效实施，中柬货物贸易更加便利，将推动中柬农产品贸易进一步增长，促进中柬农业合作。

二、RCEP 项下柬埔寨农产品领域开放情况

在 RCEP 框架下，柬对其他成员国采用统一降税方式，农产品自由化水平为 91%，高于泰国、菲律宾、缅甸和老挝。具体看，柬有 800 个农产品税目维持零关税或在协定生效时立即取消关税，占其农产品税目总数的 47.8%，对其余农产品则采取分阶段降税、维持基准税率或例外处理等方式。其中，协定生效后 13 年内降至零关税的农产品税目有 308 个，占农产品税目总数的 18.4%，主要包括鲜冷冻肉及食用杂碎、大西洋鲑鱼、虾、墨鱼、禽蛋、燕窝、马铃薯、抱子甘蓝、榴梿、乌龙茶、含油子仁及果实等；15 年内降至零关税的税目有 220 个，占农产品税目总数的

13.1%，主要包括鲜冷冻牛羊肉、罗非鱼、天然蜂蜜、苹果、调味香料、淀粉、植物油脂、肉罐头、油橄榄、甜玉米等；20年内降至零关税的税目有196个，占农产品税目总数的11.7%，主要包括鲈鱼、卷心菜、竹笋、南瓜、西瓜、花生油及其分离品、蔬菜罐头、制造饮料用的复合酒精制品、烟草等；维持基准税率的有110个税目，主要包括去骨牛肉、枣、葡萄、梨、面条、巧克力、蛋糕、蘑菇罐头、花生酱、酱油、醋等，占农产品税目总数的6.6%；实施例外处理的有41个税目，主要包括脂肪含量低于1%的液态奶、黄油、乳酪及凝乳、橙、小麦粉、口香糖、麦精、速溶咖啡、豆奶饮品、辣椒酱、威士忌酒、烟草、明胶等，占农产品税目总数的2.4%。

三、借力 RCEP 深化中柬农业合作的主要方向

近年来，柬埔寨政府将农业列为优先发展领域，不断改善其农业生产及其投资环境。柬埔寨农业资源丰富、自然条件优越、劳动力充足，随着RCEP生效实施，中柬农业合作将有更为广阔的空间，应积极利用RCEP生效实施契机，拓展和深化中柬农业合作：**一是深化双方农产品贸易合作**。在RCEP和中柬自贸协定框架内，合理运用好投资便利化条款、关税减让协定和原产地累积规则，积极建设跨境电商综合试验区，筹备互建海外仓，畅通物流、信息流、资金流，充分发挥各自比较优势，扩大双方互补性较强的农产品，如稻谷、天然橡胶、果蔬等产品的贸易合作。**二是加强双方农业产业链合作**。积极发挥中国在农业育种研发、农机推广应用、作物特色加工等领域的基础和优势，聚焦生产、流通、消费等环节，积极向柬埔寨推广杂交稻育种技术，普及农业机械化一条龙作业，加大对芒果、榴梿、大米、木薯等柬埔寨特色农产品集散和加工力度，不断推动两国农业产业链、供应链、价值链深度融合，促进柬埔寨乃至东盟优质农产品"引进来"。**三是积极鼓励中国农业企业"走出去"**。继续做好"中—柬热带生态农业合作示范区"的引领带动作用，积极发挥政府推动、企业主导的政企联动力量，鼓励中国农业企业"走出去"，充分利用好中国与柬埔寨的两种资源、两个市场，大力推动中柬农业领域合作全面加速发展。

90. 印度尼西亚农业市场前景如何?

自中国—东盟自贸区实施以来,中印农产品贸易迅速发展。中国已经连续多年位居印度尼西亚第一大贸易伙伴,中国进口的棕榈油72.8%来自印度尼西亚。印度尼西亚是东盟最大的经济体和农业人口最多的成员国,农产品贸易额占东盟总量约1/4,卓越的人口红利与市场潜力,使得印度尼西亚这个新兴经济体国家,成为RCEP区域甚至国际市场关注的焦点。

一、中国—印度尼西亚农产品贸易概况

印度尼西亚是东盟创始国之一,农业资源丰富。印度尼西亚的主要农作物包括油棕、水稻、玉米、甘蔗、椰子、木薯等。印度尼西亚出口的农产品主要是棕榈油、天然橡胶、咖啡等,其中,棕榈油出口量占世界的一半以上,天然橡胶出口量约占世界的三分之一。中国—东盟"早期收获"计划实施以来,中印农产品贸易发展迅速。2012—2021年,两国双边农产品贸易额从65.8亿美元增长到120.0亿美元,年均增长6.9%。其中,中国向印度尼西亚农产品出口额从18.8亿美元增至25.1亿美元,年均增长3.3%;自印度尼西亚农产品进口额从47.0亿美元增长到98.9亿美元,年均增长8.6%。从双边贸易的主要农产品品种看,中国出口印度尼西亚的农产品主要是大蒜、烟草、苹果、柑橘、鲜梨等;中国从印度尼西亚进口的农产品主要是棕榈油、天然橡胶等。

二、RCEP项下中印农产品领域开放情况

印度尼西亚作为东盟成员国,与其他非东盟成员国均签署了自贸协定,绝大部分农产品在双边协定下已取消关税或部分降税。总体看,RCEP项下印度尼西亚对东盟国家的农产品开放程度最高,自由化水平为93.4%,对中国农产品自由化水平为93.2%。部分农产品关税税率在中国—东盟自贸区关税减让的基础上进一步降低,印度尼西亚开放了小虾对虾、玉米和部分烟草;中方开放了未磨胡椒、椰子汁等没有在中国—东盟自贸协定中取消关税的产品。具体看,RCEP协定下印度尼西

亚承诺对中国 1 700 多个农产品税目维持零关税或逐步取消关税。其中，协定生效后立即取消关税的税目数为 1 245 个，占农产品税目总数的 71%，产品主要是鲜冷冻鱼、活猪、冷冻畜禽肉、油桃、碾碎小麦、马铃薯等，基本均为中国—东盟自贸协定内零关税产品；协定生效第10 年、15 年、20 年降零税目数共 388 个，占全部农产品税目的 22.2%，主要是虾酱、菠萝、甜玉米、金枪鱼、烟草、生姜和动物肝脏等。此外，印度尼西亚对其 56 个敏感农产品税目采取例外处理，主要是含有酒精的饮料等。

RECP 项下，中国承诺对包括印度尼西亚在内的东盟国家维持或立即降为零的农产品税目数为 958 个，主要是中国—东盟自贸协定内的零关税农产品，如马铃薯、甜玉米、鳗鱼、苹果、洋葱、豌豆等；协定生效第10 年、15 年、20 年降为零的税目数为 404 个，主要有未加工的乳酪、鲶鱼、菠萝、羊毛脂和无花果等。对 106 个产品采取部分降税和例外处理，其中包括中国从印度尼西亚进口额较大的棕榈油、食糖和咖啡等敏感农产品。

三、借力 RCEP 深化中印农业合作的主要方向

中国和印度尼西亚农产品互补性强，市场前景广阔。RCEP 框架下，中国—印度尼西亚的农业投资贸易开放将为双边农业合作释放更多的红利。深化两国农业合作的措施包括：**一是稳固双边农产品供应链，促进贸易便利化。**对于双方贸易额较大的棕榈油、天然橡胶、蔬菜、水果、水产品、烟草、棉花等双边重点贸易产品，应建立起更加规范和便利的产品通关机制，重点防范技术贸易壁垒。**二是积极开展市场调研，扩大鼓励型领域的农业投资。**印度尼西亚对外资进入其种植业规定了严格的外资持股要求，中国企业应根据当地实际，重点投资印度尼西亚鼓励投资的农业领域。**三是加大数字农业合作力度，不断提升两国农业发展质量。**RCEP 框架下包括数字技术在内的服务将获得进一步开放，印度尼西亚高度重视数字经济发展，出台了"2021—2024 年数字印度尼西亚路线图"。中国可与印度尼西亚当地企业、农场等开展合作，充分发挥中国农业数字技术的优势，在农产品加工、农场管理、精准农业、智慧农业、农产品电子商务等方面加强合作。

91. 老挝农业市场前景如何?

中国与老挝山水相连、往来密切。近年来,中老经贸合作快速发展,农业是其中重要内容。中国是老挝第二大出口市场,自老挝主要进口水果、粮食、咖啡等。RCEP生效与中老铁路通车双重机遇下,中老双边农产品贸易前景广阔,但机遇挑战并存。

一、中老农产品贸易概况

老挝是东盟成员国中唯一的内陆国,经济发展水平较低。农业是其国民经济重要部门,农业GDP约占其国内GDP总额的16%。农产品贸易规模较小,2020年贸易额24.2亿美元,主要出口活牛、饮料、木薯、咖啡、香蕉、大米、食糖等,进口饮料、精制动物饲料、精制糖等。

2010年中国—东盟自由贸易区正式建成后,中国—老挝农产品贸易快速发展。2010—2021年,中老农产品贸易额从4 522.9万美元增至2.5亿美元,增加4.6倍。其中,中国自老挝进口额从3 025.6万美元增至2亿美元;对老挝出口额从1 497.3万美元增至5 254.6万美元。目前,中国已成为老挝第三大农产品贸易伙伴,次于泰国和越南。中国自老挝进口的农产品主要有甘蔗、香蕉、木薯淀粉、大米、玉米等,2021年甘蔗、香蕉进口额占中国自老农产品进口总额的35%和20%。中国出口老挝的农产品种类则较为分散,以蘑菇、烟草及烟草制品、大蒜、饮料等为主。

二、RCEP项下中老农产品市场开放情况

老挝是东盟最不发达国家之一,经济发展和开放水平与其他东盟成员国有较大差距。RCEP其他成员国给予老挝一定照顾,允许其市场准入采取相对低水平的开放,多数产品采用13年以上的较长过渡期,以便其国内逐步适应贸易自由化。

货物贸易方面,老挝对所有RCEP成员国采用统一的降税方式,其农产品自由化水平为61.3%。其中,对1 675个农产品税目中的164个税目在协定生效时立即降税到零,占农产品税目总数的9.8%,主要包括种用山羊、牛的精液、种用小麦、未梳羊毛等;863个税目经13~20年关

税降为零，占比 51.5%，主要包括乳酱、蘑菇菌丝、淀粉、绵羊、鳟鱼、马、驴、骡、牛等；648 个农产品税目例外处理的，占比 38.7%，主要包括家禽、鲜冷牛肉、鲈鱼、洋葱等。

中国在 RCEP 中对东盟仍然保持了双边自贸协定项下的较高市场开放度，农产品自由化水平为 92.8%，此外对东盟新开放了未磨胡椒、椰子汁等个别产品。对老挝的降税方式与其他东盟成员国保持一致，对 960 个税目的农产品维持零关税或立即降零，占农产品税目总数的 65.3%，主要包括鱼类、水果及坚果、饮料、调味品、糕饼点心等；对 404 个税目经 10~20 年降零，占比 27.4%，主要包括杏仁、精油、茶、果汁等；出于粮食安全、农民生计等考虑对 106 个税目实行例外处理或部分降税，主要包括香蕉、木薯淀粉、咖啡、茶叶等，占比 7.3%。

三、借力 RCEP 深化中老农业合作的主要方向

2021 年 12 月 3 日中老铁路全线建成通车，叠加 RCEP 项下农产品关税减免、更宽松的原产地规则和高水平的贸易便利化安排，将更好实现区域设施联通和贸易畅通，为中老农业合作创造新机遇。中国目前是老挝农业投资第一大来源地，未来可从三方面深化中老农业合作：**一是推动中老铁路沿线农业产业和乡村发展。**借助中老铁路打通中国与中南半岛内陆农产品物流新通道，推动老挝境内沿线区域的农产品生产、加工、仓储、物流、服务等产业发展，并对泰国、越南等国家涉农产业形成辐射效应。**二是了解相关规则，扩大双边贸易规模。**充分利用 RCEP 项下优惠措施，适当扩大老挝及过境优质农产品输华，满足中国国内市场需求；通过中国对老挝肥料等农资出口渠道，发展对老农业服务贸易。**三是加大对老农业投资，发展加工贸易。**重点关注粮食、肉牛、水果和咖啡等产业，利用老挝劳动力成本优势开展农业产业园区建设，推进农产品精深加工和品牌建设。

92. 马来西亚农业市场前景如何?

中国是马来西亚最大的农产品贸易伙伴，主要进口棕榈油、水果和坚果；出口调味汁、大蒜、水产品等。马来西亚是"一带一路"倡议沿线的

重要国家，RCEP协定生效与"一带一路"倡议的实施为两国农业进一步深入合作提供了广阔的发展空间。

一、中马农产品贸易概况

2020年马来西亚农业增加值占GDP的比重为8.2%，农业就业人口约占总就业人口的10%。在东盟国家中，马来西亚的农业用地相对较少，耕地面积仅82.6万公顷，主要用于种植水稻。马来西亚农产品出口以棕榈油和天然橡胶为主，是世界第二大棕榈油出口国和第三大天然橡胶出口国。

自中国—东盟自贸协定的"早期收获"计划实施以来，中马农产品贸易规模逐步扩大，但中国自马来西亚进口农产品的波动性较为明显。2005—2008年，中国自马来西亚农产品进口额从20.7亿美元增至53.2亿美元，2009年下降至42.9亿美元。2010年中国—东盟自由贸易区正式建成后，2010—2021年，中马农产品贸易额从52.3亿美元增至77.8亿美元，增长48.8%。其中，中国自马来西亚进口额从35.5亿美元降至35.3亿美元；对马来西亚出口额从16.8亿美元增至42.5万美元。自2019年以来中国对马来西亚农产品贸易稳定转为顺差。目前，中国已成为马来西亚第二大农产品贸易伙伴，仅次于印度。中国自马来西亚进口的农产品主要有棕榈油、燕窝、咖啡和冷冻水产品等，2021年棕榈液油和棕榈硬脂进口额占中国自马来西亚农产品进口总额的41.3%和17.5%。中国出口马来西亚的农产品较为分散，主要是加工水产品、大蒜、绿茶、干香菇等。

二、RCEP项下中马农产品市场开放情况

马来西亚对其余RCEP成员国采用统一降税方式。由于其已在东盟与其他RCEP成员国的双边自贸协定中对绝大多数农产品作出了减让承诺，且其约75%的农产品最惠国税率（MFN）已为零，因此其在RCEP中实现了较高水平开放，农产品自由化程度为92%，多数农产品在协定生效时立即降税到零。具体来看，马来西亚对其1 604个农产品中的1 410个税目维持零关税或立即取消关税，占农产品税目总数的87.9%；RCEP生效后第10年开始降零的农产品税目有56个，占农产品税目总数的3.5%，主要包括熏制罗非鱼、葡萄柚、苹果、起酥油、矿泉水、肉及水产品的精汁等；协定生效后第15年降零的农产品税目有10个，占农产

品税目总数的 0.6%，主要包括动物血制品、酱油、汤料、其他酪蛋白等；协定生效后部分降税的农产品税目有 9 个，占全部农产品的 0.6%，主要包括其他猪脂肪、其他禽油脂、其他谷物制食品、其他水果汁等；维持基准税率的农产品税目有 13 个，占农产品税目总数的 0.8%，主要包括鲜芭蕉、鲜柿子、鲜杨桃、鲜红毛丹、鲜榴梿、鲜菠萝蜜等；实施配额管理的农产品税目有 19 个，占农产品税目总数的 1.2%，主要包括非种用的鸡和猪、猪肉、鸡肉、脂肪含量低于 1% 的液态奶、脂肪含量在 1%～6% 的液态奶、禽蛋等；此外，实施例外处理的农产品税目有 87 个，占农产品税目总数的 5.4%，主要包括鲜奶、香蕉、菠萝、芒果、红茶、糯米、其他禽油脂、气泡酒、葡萄酒、烈性酒、烟草等。

三、借力 RCEP 深化中马农业合作的主要方向

马来西亚作为东盟国家中经济活力较高的国家之一，近年来农业投资环境不断改善。中国作为马来西亚最大的贸易伙伴，在"一带一路"倡议实施与 RCEP 生效的双重影响下，中马农业合作具有较为广阔的前景。深化中马之间的农业合作，应着力从以下几方面采取相应措施：**一是深化粮食产业合作**。目前，马来西亚的农业种植主要以经济作物为主，但水稻、小麦、大豆、玉米等粮食作物的对外依存度高，中国企业可加强与马来西亚企业的粮食产业合作，发挥种植技术优势促进马来西亚上述作物的增产，满足其消费需求。**二是开展农业园区建设，加强中马农业产业合作**。近年来，马来西亚鼓励外商对农业产业园、农产品加工业的投资，并给予了一系列的优惠政策。因此，中方企业可考虑在马来西亚创办农业产业园，生产纸浆制品、橡胶等加工农产品。**三是借力西部陆海新通道，扩大优势农产品对马出口**。在 RCEP 生效实施与西部陆海新通道建设的双重作用下，广西钦州港口岸已与马来西亚开通 8 条直航和经停航线。中方企业应用好高效运输通道，降低仓储和物流成本，提升中国优势农产品在马来西亚市场占有率。

93. 缅甸农业市场前景如何？

近年来，中缅两国双边经贸合作不断深化，中国连续多年是缅甸第一

大货物贸易伙伴，同时也是缅甸重要的投资来源国。缅甸是东南亚地区传统农业大国，农业合作是中缅双边合作的一大亮点。农产品贸易方面，中国是缅甸第一大贸易伙伴、第一大出口市场和第三大进口来源地，多年来双边农产品贸易发展呈向好态势。RCEP在中国和缅甸之间生效实施以及中缅新通道（重庆—临沧—缅甸）国际铁路班列的互联互通将更有力地促进中缅区域经贸合作。

一、缅甸农业生产和贸易状况

缅甸农业资源丰富，农业是其国民经济的支柱产业，2020年缅甸农业增加值占GDP的比重达22.8%，农业就业人口约占总就业人口的一半。缅甸是世界水稻、干豆、蔬菜主产国，此外，甘蔗和玉米也是缅甸主要种植的农作物。

2012—2021年，中国—缅甸农产品贸易额从3.4亿美元增长到12.6亿美元，年均增长率为15.7%。其中，中国对缅甸出口额从1.5亿美元增至5.0亿美元，年均增长14.3%，主要出口农产品是柑橘、苹果、葡萄等水果以及茶叶和部分加工农产品；自缅甸进口额从1.9亿美元增至7.6亿美元，年均增长16.7%，增速高于出口，主要进口农产品是大米、豆类、玉米、天然橡胶、香蕉等。中国对缅甸农产品贸易持续处于贸易逆差，2012年的贸易逆差为4 519.5万美元，2021年贸易逆差为2.7亿美元，增加了5倍。

二、RCEP项下缅甸农产品领域开放情况

缅甸由于经济发展水平和开放能力方面与其他国家差距较大，在RCEP框架下，其他成员国允许缅甸采取相对低水平的货物市场开放。缅甸对其他成员国采用统一的降税方式，农产品自由化水平为65%。具体来看，在缅甸1 818个农产品税目中有649个税目维持零关税或在协定生效时立即降税到零，占农产品税目数的35.7%；采用经13年、15年、20年过渡期降税到零的农产品税目数533个，占农产品税目数的29.4%，主要包括谷物粉、油籽、砂糖、亚麻、水产品、水果、坚果、碎米、麦芽和棉花等。维持基准税率的农产品税目有624个，占农产品税目数34.3%，主要包括水产品、咖啡、绿茶、番茄酱罐头、蘑菇罐头、花生、

水果罐头、水果汁和黄酒等。采取例外处理的农产品税目数 12 个，主要包括鲈鱼、小虾虾仁和罂粟子等。

中国对 1 470 个税目中的 960 个税目对缅甸维持零关税或立即降零，占农产品税目数的 65.3%，主要是水产品、热带水果等。经 10 年、15 年或 20 年降零的农产品有 404 项，占农产品税目数的 27.5%，主要是畜产品、水果、蔬菜等。部分降税及例外产品仅 106 项，占农产品税目数7.2%，主要是粮食、食糖、棉花等产品。

三、借力 RCEP 深化中国—缅甸农业合作的主要方向

中缅两国经贸关系发展迅速，RCEP 的生效将为两国深化农业合作提供新的动力。然而，在日趋复杂的国际发展形势下，中缅农业合作面临着较大的挑战。深化中缅之间的农业合作，应重点关注以下几个方面。**一是适当扩大对缅及其涉农服务业投资**。RCEP 生效实施降低了缅甸外商投资准入门槛，但仍然存在较多的投资限制，尤其是在缅甸国内政局不稳的背景下，建议企业对缅农业投资应以合资为主。**二是加快建立和完善农业投资贸易风险规避机制**。近年来，国际经济发展的不确定性因素剧增，新冠肺炎疫情及缅甸社会经济动荡导致与缅开展农业投资贸易合作的风险加大。中方企业应在充分利用缅甸农业投资优惠政策的同时，加大项目风险评估力度，与缅方建立风险补偿机制。**三是促进双边农产品边境贸易规范化和便利化**。边境贸易是中缅农产品贸易的重要形式，新冠肺炎疫情通过边境口岸人员、货物传播的风险较大，造成中缅边贸农产品物流不畅，给双方农业企业造成损失。因此，在 RCEP 以及疫情防控常态化的背景下，应加强双方在支持跨境电商及构建现代边贸物流体系等方面合作，以持续促进双边农产品贸易发展。

94. 菲律宾农业市场前景如何？

菲律宾是东盟主要农业生产国之一，农业在其国民经济中占有重要地位。中国是菲律宾第二大贸易伙伴，两国农业优势互补，农业合作不断向前发展，RCEP 协定的生效将为两国农业合作提供新的机遇。

一、菲律宾农业生产和贸易状况

2021年,菲律宾总人口1.1亿,农业劳动力占总就业人口的比重约20%。菲律宾是东南亚传统的农业大国,是农产品净出口国,香蕉、椰子油、菠萝和金枪鱼等产品出口量较大。进口农产品主要有小麦、大米、大豆、糖和乳制品等。

2010年中国—东盟自由贸易区建成以来,中菲双边农产品贸易发展迅速。2021年,菲律宾是中国在东盟国家中的第四大农产品出口市场和第五大农产品进口来源地。2010—2021年,中菲农产品贸易额从11.7亿美元增长到37.5亿美元。其中,对菲律宾出口额从7.7亿美元增至27.6亿美元,年均增长12.3%;自菲律宾进口额从4亿美元增至10亿美元,年均增长8.7%。同期,中国一直处于贸易顺差,顺差额从3.7亿美元增长到17.6亿美元,年均扩大15.2%。中国自菲律宾主要进口的农产品有香蕉、菠萝、椰子油等,中国出口到菲律宾的农产品主要是苹果、葡萄、梨、水产品、糖等。

二、RCEP项下中菲农产品领域开放情况

菲律宾对其1 675个农产品中的1 347个税目维持零关税或在协定生效时立即降零,其余农产品主要采取经15年过渡期降税到零、部分降税、例外处理等处理方式。其中,经15年降为零的农产品税目数为141个,包括鲜冷罗非鱼、熏罗非鱼、冷冻马铃薯、冷冻甜玉米、芭蕉、葡萄柚、西瓜、黑胡椒、大米粉、椰子油、棕榈仁油等;部分降税(第16~20年)的农产品税目数85个,主要包括冻鲭鱼、盐腌及盐渍的罗非鱼、黄瓜、豌豆、芹菜、干辣椒、玉米淀粉、面条、糖渍蔬菜水果以及干、熏、盐制的带骨的猪腿肉等;例外处理的农产品税目数为102个,包括鲜冷冻鹅、暂时保藏的甜玉米、暂时保藏的洋葱、鲜冷冻猪肉、鲜冷冻鸡肉、生菜、胡萝卜、菜糖、蔗糖等。

RCEP项下,中国对菲律宾的降税方式与其他东盟成员国保持一致。协定生效后,维持或立即降为零的农产品税目数为960个,主要是中国—东盟自贸区协定内的零关税农产品,如马铃薯、甜玉米、鳗鱼、苹果、洋葱、豌豆等;协定生效第10年降为零的税目数为208个,主要有未加工

的乳酪、鲶鱼、菠萝、羊毛脂等，占中国对菲农产品税目数的 14.1%；协定生效第 15 年降为零的税目数为 52 个，占中国对菲农产品税目数的 3.5%，主要有加工的乳酪、山羊肉等；协定生效第 20 年降为零的税目数为 144 个，占中国对菲农产品税目数的 9.8%，主要有鳄梨、无花果等。例外处理或部分降税的农产品税目数 106 个。

三、借力 RCEP 深化中菲农业合作的主要方向

近年来，中菲关系持续稳定向前发展，为两国农业合作奠定了坚实基础。中菲两国农业互补性强，RCEP 框架下，双边农业投资贸易领域将更加开放。未来，深化双边农业合作的主要措施包括：**一是加强水稻和玉米等粮食产业合作**。中菲同为世界主要大米、小麦进口国，两国对水稻、小麦和玉米的需求量大，生产技术合作的空间广阔。在 RCEP 框架下，菲律宾政府已有相关措施对外资企业投资其稻谷和玉米产业进行指导，重点关注外资企业的发展规划能力、技术能力和财务能力。中方企业在菲投资相关产业前应制定科学合理的投资计划，强化技术输出能力。**二是拓展养殖业、渔业和农产品加工业等方面的合作**。近年来，中菲两国养殖业深受非洲猪瘟、高致病性禽流感等畜禽疫病的影响，其中，菲律宾对肉类产品的进口加大，相关产业发展政策在放宽，两国在加强动物疾病防控技术合作的同时，中方企业可适当扩大对菲养殖业的投资与合作。此外，菲律宾正在大力提高其渔业和农产品加工业的竞争力，中方企业可利用在菲外企获得相关行业所得税减免等税收优惠政策扩大在菲投资。**三是持续促进中菲农业投资贸易便利化**。中菲两国隔海相望，农产品运输以船只运输为主，在完善水果、水产品、肉类等生鲜农产品检验检疫标准合作的同时，要构建更加便利的产品通关机制，加强农产品跨境电商的合作，有效降低双边贸易成本。

95. 新加坡农业市场前景如何？

新加坡是东盟成员国中唯一的发达国家，也是东盟中首个与中国建立双边自由贸易区的国家。经贸方面，中国是新加坡第一大贸易伙伴，新加坡是中国第一大新增外资来源国和主要境外投资目的国。农产品贸易方

面，中国是新加坡第三大贸易伙伴和第三大进口来源地。近年来，新加坡与中国的经贸合作愈加紧密，双边农产品贸易规模不断扩大，RCEP 的生效为中新合作赋予了新动能。

一、新加坡农业生产及贸易情况

新加坡位于马来半岛南端，国土面积约 700 平方公里，耕地面积仅占国土面积的 0.7%；总人口约 568.6 万，其中农村人口占比不到 1%。由于农业自然资源匮乏，农产品主要有蔬菜、花卉和水产品，其中水产品主要有海洋鱼类、贝壳类、淡水鱼及观赏鱼类，主要用于出口。新加坡是自贸港，对绝大部分农产品进口实施零关税，基本没有非关税壁垒，仅对某些食品实行严格的检疫措施。主要进口农产品包括酒精饮料、棕榈油、牛奶、可可豆、大米等；出口产品包括酒类、香烟、婴儿食品等。2021 年新加坡农产品进口总额达 80 亿美元，出口 23 亿美元。

新加坡的自然环境不适合大规模农作物生长，所以农产品大多依赖于进口。中国作为农业大国，与新加坡有着大量的贸易往来，是新加坡的主要农产品进口国之一。近年来，中新两国双边农产品贸易持续增长，从 2012 年的 11.1 亿美元增至 2021 年的 15.7 亿美元。中国从新加坡进口农产品贸易额略有下降，从 4.5 亿美元降至 3.6 亿美元；出口从 6.6 亿美元增至 12.1 亿美元。中国从新加坡进口农产品主要是卷烟、麦精、婴幼儿食品和可可粉等；对新加坡出口农产品较分散，主要包括植物油、蔬菜、水产品、杂项农产品和水果等。

二、RCEP 项下中新农产品市场开放情况

中国与新加坡已签署中国—东盟、中国—新加坡及 RCEP 共三项自贸协定。想要出口新加坡或对新投资的企业可以在三个协定中灵活选择最适合的条款进行贸易及投资布局，提高了资源配置效率。在农产品市场准入领域，新加坡是自贸港，所有货物进口均实行零关税；中国在 RCEP 项下对新加坡农产品领域整体维持了中国—东盟自贸区项下的开放水平，另对少量产品扩大了开放程度，承诺对新加坡 92.6% 的农产品最终实行零关税，其中对 960 个税目的农产品维持零关税或立即降零，占农产品税目数的 65.3%，主要包括鱼类、水果及坚果、饮料、调味品、糕饼点心

等；对 404 个税目经 10～20 年降零，占农产品税目数的 27.4%，主要包括杏仁、精油、茶、果汁等；出于粮食安全、农民生计等考虑对 106 个税目实行例外处理或部分降税，主要包括小麦、玉米、大米、食糖、棕榈油等，占农产品税目数的 7.3%。

三、借力 RCEP 深化中新农业合作的主要方向

RCEP 是中国对外签署的规则水平和开放程度最高的自贸区之一，新加坡又是在 RCEP 成员国中开放水平最高的国家，RCEP 的生效实施将延续并拓展中国对新农产品出口市场的空间，但同时也对市场主体适应竞争、促进产业提质增效提出更高要求。深化两国农业合作，**一方面要积极拓展出口市场**。要充分利用新加坡 100% 零关税的市场准入待遇，深入调研新加坡农产品市场消费规模、市场容量、需求特征、主要竞争对手等，研判输新产品的竞争力。可通过参加线上线下的行业展会、借助境外农产品展示中心和"海外仓"等平台途径，广泛结识客户、获取市场信息，拓展出口渠道。**另一方面，要谋划区域内产业链价值链布局**。RCEP 的原产地规则允许产品价值成分在区域内累积，RCEP 成员国之间产业互补度高，在区域产业链、供应链和价值链融合方面潜力巨大。新加坡资本技术等资源丰富，要以其为支点发挥比较优势，依托区域内较完备的供应体系推动产业发展，与区域产业链深度融合对接。

96. 泰国农业市场前景如何？

中泰两国地理位置相邻，农业资源互补，互为对方第一和第三大贸易伙伴，中国 99% 的进口榴梿来自泰国。RCEP 生效实施将成为释放中泰农业经贸合作潜能，促进双边农产品贸易发展的关键推动力。

一、中泰农产品贸易概况

泰国属于热带季风气候，雨热同期，耕地资源丰富，农业劳动力充足，是传统农业大国，被誉为"东南亚粮仓"。泰国是亚洲乃至全球主要的大米、天然橡胶出口国，在咖啡豆、蔬菜、热带水果、罐装水产品等农产品出口上也占据重要地位。中泰两国农业互补性强，泰国在农业

资源和劳动力方面占优势，中国具有技术、管理和资金优势，合作潜力较大。

随着中国—东盟自贸区的建成，泰国对中国87%、中国对泰国94.5%的农产品已取消关税，为深化两国农业合作提供了市场动力和制度保障。2010—2021年，中泰两国农产品贸易额从36.8亿美元增至165.1亿美元，增加了3.5倍，年均增长14.6%；其中，中国对泰出口额从11.9亿美元增至46.4亿美元，增加了2.9倍；自泰进口额从24.9亿美元增至118.8亿美元，增加了3.8倍。中国对泰呈贸易逆差，且逆差逐步扩大。即使在2020年疫情暴发形势下，中泰农产品贸易仍逆势增长，进出口额分别较同期增长了15%和42.9%。目前，中国已是泰国最大的农产品出口市场，也是其最大的进口来源地；泰国是中国第三大农产品进口来源地，第六大农产品出口市场。在贸易结构上，中泰农产品贸易以水果、蔬菜和粮食为主，近年来水产品和畜产品贸易也迅速升温。

二、RCEP 项下中泰农产品领域开放情况

农产品市场准入领域，中泰总体维持了中国—东盟自贸区项下的开放水平，另对少量产品扩大了开放程度。总体看，泰国承诺对中国895个税目下的农产品维持零关税或立即降零，占农产品税目数的53.4%，主要有畜产品、番茄、莴苣、葡萄、苹果等。经10年、15年或20年降零的农产品共461个税目，占农产品税目数27.5%，主要是鱼类、水果、坚果、植物油、蜂蜜、酒类等。此外，泰国对其87个较为敏感的农产品采用部分降税或维持基准税率，占农产品税目数5.1%，主要是部分牛、羊、马及其食用杂碎等。

中国对泰国960个类目下的农产品维持零关税或立即降零，占农产品税目数的65.3%，主要是水产品、热带水果等。经10年、15年或20年降零的农产品有404项，占农产品税目数的27.5%，主要是畜产品、水果蔬菜等。部分降税及例外产品106项，占农产品税目数的7.2%，主要是粮食、食糖、棉花等产品。

三、借力 RCEP 深化中泰农业合作的主要方向

RCEP 为中泰农业合作提质升级提供了新机遇。农业企业可密切关注

RCEP 生效进展，积极筹划，争取充分挖掘 RCEP 红利。**一是借助 RCEP 项下更加宽松透明的通关便利化规则，扩大果蔬等产品对泰出口。**RCEP 要求对易腐货物应在 6 小时内放行，有利于果蔬类产品提高新鲜度、保障品相。未来泰国段铁路与中老铁路成功衔接后，预计出口至泰国货物将节约 60% 左右的运输时间和成本，应抓住该机遇加大中国柑橘、葡萄、什锦蔬菜等优势产品对泰出口。**二是积极推动中泰果蔬科研合作创新，进一步繁荣双边农产品贸易。**泰国的热带水果、健康类产品以及中国的温带水果和坚果等都在对方市场享誉盛名，发挥中国农业科研和推广总体实力较强的优势，充分利用泰国芒果、榴梿等热带水果和蔬菜种质资源丰富、品质优良的有利条件，着力推动建立中泰果蔬合作创新机制，强化双方技术交流合作，促进两国优势互补。**三是深化中泰水产品贸易，促进渔业领域合作。**泰国是中国在东盟地区最大的水产品贸易国，其国内鱼类加工业发展主要依赖原料进口。中国作为渔业生产和贸易大国，可在 RCEP 项下积极建立渔业论坛等主题活动，帮助国内企业了解市场动态信息，灵活调整产品结构，推进中泰渔业领域互补合作。

97. 越南农业市场前景如何？

农业是越南国民经济的支柱产业，其地理条件、经济政策、社会文化等方面与中国具有相似性，RCEP 的生效实施将为两国农业合作提供新的发展机遇。

一、中越农产品贸易概况

近年来，中越双边农产品贸易日渐紧密。2012—2021 年，中越农产品贸易总额从 41.3 亿美元增至 94.8 亿美元，年均增长 9.7%。其中，对越出口从 19.4 亿美元增至 54.4 亿美元；自越进口从 21.9 亿美元增至 40.4 亿美元。目前，中国已成为越南农产品第一大贸易伙伴和第一大出口市场。中国自越南进口农产品主要包括大米、木薯淀粉和腰果等；出口到越南的农产品主要有柑橘、苹果、大蒜和洋葱及青葱等。随着 RCEP 生效实施，中越货物贸易更加便利，将推动中越农产品贸易进一步增长，促进中越农业合作。

二、RCEP 项下越南农产品市场开放情况

在 RCEP 区域内，越南已与其余 RCEP 成员国签署双边自贸协定，绝大多数农产品已对相关成员国降低了关税，因此在 RCEP 项下保持了相对较高的农产品开放程度。越南与不同成员国间降税幅度有所区别，对中国 91.3％的农产品最终取消关税。其中，对 840 个税目的农产品维持零关税或在协定生效时立即降税到零，占农产品税目数的 50.1％，主要是马驴骡肉、鲜冷鱼、带壳禽蛋、天然蜂蜜、百合花等；10～20 年降零的农产品共 692 个税目，占农产品税目数的 41.2％，主要包括鲜冷冻牛肉、猪肉等肉类、椰枣、乳及奶油、马铃薯、咖啡、坚果、菠萝等；部分降税、维持基准税率、例外处理和关税配额的农产品共 143 个税目，占农产品税目数的 8.4％，主要包括红茶、咖啡、稻谷、棕榈油、甜菜糖、砂糖、烟草等。

中国对越南 960 个税目的农产品维持零关税或立即降零，通过 10～20 年降零的农产品共 404 个，共对越南 92.6％的农产品最终实现零关税，自由化水平略高于越南。同时，出于粮食安全、农民生计等考虑对中国核心敏感产品仍有所保留，主要包括咖啡、种用小麦、种用玉米、大豆、豆油、棕榈油、糖、烟草、棉花等。

三、借力 RCEP 深化中越农业合作的主要方向

中越农产品领域的关税减免及原产地规则、贸易便利化、服务投资、非关税壁垒、透明度等议题的高水平承诺，均为拓展和深化中越农业贸易合作创造了有利条件。可积极利用 RCEP 生效实施契机，拓展和深化中越农业合作。**一是加大相互投资力度，促进农产品产业资源高效配置。**中越涉农对外直接投资起步较晚，RCEP 项下农业投资潜力较大，资金和人员在区域内流通将更加顺畅。要鼓励农业企业"走出去"，充分利用两个市场两种资源，利用自身农产品加工技术优势优化产业布局。**二是聚焦供应链通道，实现易腐产品高效运输。**RCEP 的成功签署将会对区域内甚至全球供应链、商贸、航运物流、跨境电商等产生积极而深远的影响。中国输往越南的农产品有较多蔬菜水果等易腐产品，应充分利用协定带来的通关和运输便利，加大对运输技术难点的扶持力度，建立更规范便利的产品

通关机制，降低非关税壁垒。**三是努力实现国际贸易高质量发展。**鼓励农业企业在产品技术创新、自主品牌出口等方面勇于尝试，积极开展技术装备升级改造、国际标准认证、国际商标注册等。

98. RCEP给中国农业带来哪些机遇？

中国与其他RCEP成员国之间农业经贸合作关系紧密。2021年，中国与其他RCEP成员国农产品贸易额约占中国农产品贸易总额的30.8%，其中进口占比为25.1%，出口占比高达45.6%。RCEP其他成员国也是中国农业对外投资重要目的地，相关国家占中国农业对外投资存量六成以上。RCEP的达成进一步降低了中国与相关国家之间贸易、投资和服务的制度性门槛，为拓展和提升农业经贸合作提供了难得机遇。

一是有助于扩大优势农产品出口。日本是中国农产品重要出口市场，在RCEP项下，中日首次达成农产品关税减让安排，中国部分水产品、果蔬、加工食品、酒类等可享受输日免税待遇，促进中国优质农产品出口日本市场。此外，中国在原有中国—东盟和中韩自贸区基础上取得新的产品开放待遇。如东盟国家将对中国加工对虾、加工马铃薯、鱼酱等产品实施零关税，韩国将对中国干鹿茸等产品零关税。关税减让安排有利于提升中国农产品出口优势，有助于扩大出口。

二是有助于增加调剂性、紧缺型农产品进口。澳新是中国牛羊肉、乳品的重要进口来源，东盟日韩在热带水果、加工休闲食品上有优势有特色，这些产品正是中国满足消费升级所需要的。RCEP项下高水平的贸易便利化安排、灵活的原产地规则等，将促进上述产品更便捷地进入国内，丰富消费市场选择。

三是有助于提升跨境农业投资合作。在RCEP项下，东盟国家大幅压缩涉农领域的投资限制措施，农业投资准入门槛显著降低。例如，泰国取消了禁止外资进入大米种植、牲畜饲养、蔗糖加工等领域规定，允许乳制品制造、淀粉产品制造、通心粉制造等行业外商独资；越南取消了对外资从事水产品加工、植物油加工和乳品加工需使用本国原材料的限制；印度尼西亚将椰子肉加工、腌鱼熏鱼等水产品加工从禁止外商进入清单移除，调整为允许外商合资。除了农业种植和农产品加工领域，RCEP各成员国在仓储、物流、贸易等上下游环节的开放程度也显著提升，有利于各国对中国开展区域农业产业链价值链合作、提升在产业链的市场地位和话语权具有重要意义。

99. RCEP给中国农业带来哪些挑战？

在抢抓 RCEP 机遇、从开放中获益的同时，由于 RCEP 规则标准更高，中国农业发展也将面临一些挑战。**一是国际竞争将更加激烈。**RCEP 项下中国农业全方位高水平开放，尽管在谈判中争取到了对敏感产业的关税保护，但替代性产品进口以及利用宽松的原产地规则"绕道"进口的情形仍难以避免，这将使国内相关产业面临较大竞争压力。另一方面，各成员国均在积极谋划利用 RCEP 优惠政策促进农产品出口，带来更大的出口竞争压力。**二是产业向外转移可能加速。**在货物市场准入、投资开放等安排下，部分劳动力密集型农产品生产、加工业可能转向土地和劳动力成本更具优势的东盟国家，或将对中国中西部地区承接产业转移带来一定压力。**三是非关税壁垒依然存在甚至加剧。**尽管各成员国在 RCEP 项下均作出了农产品关税减让承诺，但由于协定对各成员国技术性贸易措施等非关税壁垒的约束力较为有限，影响农产品贸易的一些隐形壁垒依然存在，甚至不排除有些成员国为规避市场开放而更多借助技术性贸易措施以保护本国市场。

100. 中国农业如何用好 RCEP 红利？

RCEP 为中国农业提供了更加开放、稳定、透明的贸易投资环境，为用好 RCEP 机遇，提升参与国际农业合作和竞争新优势，建议从以下几个方面努力：

一是学习掌握 RCEP 相关规则。只有精通规则才能借助规则趋利避害。RCEP 内容丰富，议题广泛，必须深入系统学习，深刻理解和准确把握其实质要义。例如，RCEP 原产地规则允许"区域累积"，这就要求农产品出口企业熟悉有关规则，最大限度地利用协定提供的优惠，实现高效的资源配置。例如拟到东盟投资企业，需要了解相关国家在 RCEP 项下

的投资开放承诺，读懂协定中的"负面清单"。针对国内农业产业可能受
到的影响，加强预研预判，早做预案，主动应对。

二是拓展提升农产品贸易。一方面要利用好 RCEP 的优惠市场准入
条件，促进向周边特别是主要市场的农产品出口。实施特色优势农产品出
口提升行动，建好农业国际贸易高质量发展基地。加强对 RCEP 成员国
贸易政策、市场容量、需求特征等研究和评估，做好信息公共服务。强化
以 RCEP 区域为重点的海外营销促销，引导企业通过参加行业展会、借
助境外农产品展示中心和"海外仓"等平台途径，广泛结识客户、拓展出
口渠道。另一方面，可引导贸易企业顺应国内消费趋势，扩大有助于满足
人们美好生活需要的高质量农食消费品进口。

三是谋划区域内产业链价值链布局。借助 RCEP 区域贸易投资环境
改善的机遇，利用好各成员国资源、人力、市场、技术等优势，深入开展
跨国产业链合作。发挥资源禀赋和市场特点，结合农产品降税安排和原产
地规则要求，引导企业优化农产品加工原料进口来源，提升产业链稳定性
和竞争力。面向 RCEP 成员国延伸产业链，建设农产品展示中心，积极
发展跨境电商和海外仓，强化国际品牌和营销渠道建设，直接对接广阔的
终端消费市场，加快形成新的农产品出口竞争优势。

图书在版编目（CIP）数据

RCEP农业百问／农业农村部农业贸易促进中心编
. —北京：中国农业出版社，2022.10
ISBN 978-7-109-29968-9

Ⅰ.①R… Ⅱ.①农… Ⅲ.①农产品贸易－国际贸易
－贸易协定－中国－问题解答 Ⅳ.①F752.652-44

中国版本图书馆CIP数据核字（2022）第163270号

RCEP 农业百问
RCEP NONGYE BAIWEN

中国农业出版社出版
地址：北京市朝阳区麦子店街18号楼
邮编：100125
责任编辑：郑　君
版式设计：杜　然　责任校对：刘丽香
印刷：北京中兴印刷有限公司
版次：2022年10月第1版
印次：2022年10月北京第1次印刷
发行：新华书店北京发行所
开本：700mm×1000mm　1/16
印张：11.25
字数：165千字
定价：69.00元